# 人生後半は大学院から

中野汐里

Shiori Nakano

Parade Books

# 目次

# まえがき

私は50歳になる直前に公立中学校の教員を辞め、その後大学院に進学しました。在職中に直面した様々な課題を解決したかったからです。現場で取り組む努力もしましたがほとんど解決できませんでした。そこで決断したのが大学院への進学です。在職のまま進学する方法もありましたが、私はそれを選びませんでした。中途半端になると思ったのです。大学院でじっくり腰を据えて研究したいと思いました。

研究分野は比較教育学。海外の教育制度や政策、実践事例を調査し、日本の教育への示唆を得ることが目的です。私はそれまでに研修や引率、旅行などで海外に行くことがたびたびあり、現地の学校を訪問することも少なくありませんでした。その際に感じたのが日本の学校との違いです。国が違えば教育制度が異なり、実践方法も違います。文脈が異なるのでよいと思ったことでもそのまま取り入れることはできません。でも参考にできることはあると思います。海外の教育について語る際によく言われるのが「単純に日本と比較できるのか」ということです。「外国の教育は進んでいて日本の教育は遅れている」と言っているように受け取られることもあります。でも私は日本と海外の教育を比べてどちらが進んでいるとも遅れているとも言うつもりはないですし、良いとか悪いとか言いたいとも思いません。どちらにも良い点もあれば、改善すべき点もあります。単純な比較ができないことは承知しています。同じ国でも一括りにできないことだってあります。でも何らかの示唆は得られると思います。海外を体験して初めて気づくことや、改めて考えさせられることはよくあります。それまで当たり前だと思っていたことがそうではないことにも気づかされます。そうした思いから比較教育学を選択しました。

退職に迷いがなかったわけではありません。大学院に進学するには費用がかかりますが、退職すれば当然収入がなくなります。家事に費やす時間が削られ家族にもしわ寄せがいきます。高齢の母も世話していました。さらに、教職を離れることへの未練もありました。教師の仕事はやりがいがあります。当時は私の教師生活の中で最も充実していた時期ではなかったかと思います。でも私は決断しました。大学院に進学するのはそのときしかないと思ったからです。その後の人生を考えると定年を待っていては遅すぎると思いました。

本書はそんな私の大学院での体験を紹介するものです。50歳からスタートした院生生活がどのようなものだったか、入試から学位取得までの日々をありのままに記しています。人生１００年時代と言われる現代において後半の始まりである50歳から始めた院生生活によってその後の人生がどうなったかをお伝えしたいと思います。

# 修士課程編

## 1 ― 半年の短期決戦で臨んだ入学試験

教師を辞めたあと一年の準備期間を経て私は大学院に進学しました。進学したのは歴史のある東京の私立大学です。教育学研究科の修士課程に入学しました。教員養成系の大学院は念頭にありませんでした。現職教員向けの大学院も候補にしませんでした。それまでどっぷり浸かってきた教員の世界から少し離れたところに身を置きたかったのです。ちなみに、教職大学院はまだ存在していませんでした。進学先は教員養成よりも教育そのものの探究に重点が置かれた大学院だったので、私のやりたい研究に向いていると思いました。

さらにそこは私が高校生のときにいちばん行きたかった大学です。関西に住んでいた私は自宅を離れて東京の大学に行くことを親に許してもらえずやむなく地元の大学に進学しました。さらに大学卒業後は大学院に進みたいと思いましたが、大学の学費を出してくれた親に大学院の学費まで負担をかけることはできないと思い、大学卒業後は公立中学校の教員になりました。大学院はいつか自分が働いて得たお金で行こうとずっと考えていました。結局30年後になりましたが、私はあこがれの大学でのキャンパス生活と大学院進学という2つの夢を50歳にして実現することになりました。

受験の準備を始めたのは退職した年の4月からです。試験は半年後の9月です。退職する前の年に受験しようと思いましたが、3年生の学年主任をしていた私には仕事と受験勉強を両立させることはできませんでした。3月までは目の回るような忙しさでした。それに前年の入試日はあいにく学校行事と重なり、休みを取ることができませんでした。さらに「専業主婦」の生活を体験してみたいという気持ちが少しありました。大学卒業後すぐに教師となり、その翌年に結婚した私には専業主婦の経験がありません。だから退職後の1年間ぐらい専業主婦を体験するのも悪くないと思ったのです。

受験の準備は過去問の分析から始めました。入試には筆記試験と面接試験がありま す。志願先の入試センターには過去の入試問題が保管されており、だれでも閲覧できるようになっています。私は入試センターに行き5年分の問題をコピーしてきました。教育学研究科の問題を見ると5年間ほぼ同じ形式で出題されています。筆記試験は外国語と専門科目に分けられており、前者は英語を含む6か国語の中からひとつを選択し、後者は専攻分野ごとの科目を選択します。私は外国語では英語を選択し、専門科目は教育学を選択しました。

英語の試験は2問あり、いずれも長文読解です。私自身は英語の教師でしたのでそれほど難解とは思いませんでしたが、それでも大学院の入試ですからそれなりの手ごたえはあると感じました。大変そうに思えたのが教育学の試験です。文学部出身の私は教育学を専門に勉強したことがありません。問題を見るとわからないことだらけです。全分野共通の問題と専門分野ごとの問題があり、いずれも大問が2つ設定されています。前年は以下の問題が出題されていました。

問題1　（6つの中からひとつを選択する）

①戦後のカリキュラムに導入された「社会科」を支えた教育の哲学について論じる。

②近年の高等教育多様化の動向を踏まえ今後の高等教育のあり方について論じる。

③産業の転換に伴う労働力の移動によって、成人教育はどのように変化するかを論じる。

④幼児期の子供の成長にとって遊びがどのような役割を果たしているかを論じる。
⑤教育評価におけるバイアスについて論じる。
⑥「総合的な学習の時間」の意義と課題について論じる。

問題2（10項目のうち3項目を選んで解説する）
①コメニウス　②総合制中等教育（コンプリヘンシブスクール）　③大正新教育運動　④「教育使節団報告書」　⑤standard system　⑥新聞縦覧所　⑦パウロ・フレイレ　⑧完全習得学習（Masterly Learning）　⑨水平的ずれ　⑩遺伝・環境論

これを見たときショックを受けました。知らないことがあまりにも多いからです。問題2の用語についても何となく耳にしたことはありますが、適切に説明できるものがほとんどありません。パウロ・フレイレは知っていましたが、「コメニウスってそれ何?」といった感じです。「新聞縦覧所」も知りませんでした。今思うと恥ずかしいですが、ただ25年以上教師をやってきて知らないから困ったということはただの一度もありません。知識というのはそんなものかもしれません。

いずれにしても受験するためには最低限の知識が必要だと思い、私は猛勉強を始めました。準備期間は6か月。計画的かつ効率的にやらないと間に合いません。私はその年も同じパターンで出題されると予測し、まず教育学の必須用語を片っ端から覚えることにしました。準備したのは教育学用語辞典と学校管理職試験問題集、大学の教職課程で使われている教育原理の教科書です。難しい専門書などは手にしませんでした。自分には役立たないと思ったからです。

教育学用語辞典を使って私は用語を徹底的に覚えました。はるか昔の大学受験で「豆単」を使って英単語を覚えたときのやり方です。明けても暮れても教育に関する用語を覚え、頭は教育用語でいっぱいになりました。学校管理職試験問題集もかなり役立ちました。失礼な言い方かもしれませんが、私の周りで管理職試験を受けていた人たちを見て、あの人たちが使う本だからきっとわかりやすく書かれているだろうと思ったのです。予想通り最新の情報がコンパクトにまとめられていてとてもわかりやすかったです。付け焼き刃的な私の勉強には最適でした。ちなみに大学院の入試は学部卒の人たちも受けるということを考えれば教員採用試験の対策問題集なども役立ったかもしれません。いずれにしても準備期間が限られているので私はこの2種類で勉強しました。

次は論述問題対策です。これには教育原理の教科書を使いました。教科書はたくさん出版されていますが、受験先の大学院で教鞭をとる先生たちが執筆されているものを選びました。実際に使われているものですし、出題するのが同大学の先生方だからです。さらに当時の教育改革の動向や、いじめ、不登校など学校現場が抱える問題が出題されるのではないかと予測し、最新の話題を中心に「山をかけて」準備しました。

面接試験の準備は何もせず出たとこ勝負で臨むことにしました。そして半年はあっと言う間に過ぎました。

## 2　入学試験当日と結果発表

筆記試験は9月下旬の土曜日に行われました。試験開始は10時。15分前の9時45分までに集合です。その日は朝6時に目覚ましをセットしておきました。でもなぜか鳴りませんでした。気がついて飛び起きたら枕元にあるアナログ時計の針は7時25分を指しています。7時前に家を出ていないと試験には間に合いません。「まずい、遅刻だ！」と思いました。選りによって何でこんな大事な日に目覚ましが鳴らないのかと恨めしくなりました。

でも念のためもう一度時計を見ました。なんと5時35分です。文字盤式の時計でしたが長針と短針を見間違えていたのです。朝から大失敗です。ほっとすると同時に不吉な予感がして試験の方は大丈夫かと不安になりました。それに飛び起きたときベッドの端に思いきり頭をぶつけ縁起の悪さも感じました。

午前の試験は外国語で10時から11時半でした。私が試験会場の教室に入るとすでに何人かの受験生が席についていました。一般受験なので学部を卒業したばかりの人が多いですが、私と同じくらいの年齢の人もいます。みんな問題集などを眺めています。私は「今さらやってもなあ」と思い、目をつぶって心を落ち着かせることにしました。

試験が始まりました。受験を辞退する人もいるようでところどころ空席がありました。問題用紙を見ると予想通り昨年と同じ形式の読解問題が出題されています。英語の長文問題が2題出ています。やはり内容は教育に関するものです。まずまずの出来だと思いました。

午後は専門科目の試験で、1時から始まりました。こちらも昨年と同様に論述問題と用語の解説問題です。全専攻共通の問題と教育学専攻向けの問題があります。半年間の集中学習で覚えたものが多数出ています。思わず「やった!」と思いました。それぞれの問題には自分が知りうる限りのことを書きました。こうして筆記試験は無事に終わりました。

結果発表は3日後です。掲示板に受験番号が発表されます。当時は掲示発表のみでした。結果は大丈夫だと思いながらも、掲示板に近づくにつれて不安な気持ちが湧いてきました。恐る恐る眺めると私の番号がありました。合格です。抜けている番号があったので不合格の人もいたようですがそれほど多くありません。やはり学部の入試とは違うようです。

2次試験の面接は5日後に行われました。私の面接は9時30分に設定されていましたので9時過ぎに会場に行きました。前の人が終わるまで廊下で待っていると部屋の中から声が漏れてきます。思わず耳をそばだてましたが何を話しているのかはわかりませんでした。

私の番がきました。部屋に入ると正面に先生が3人座っています。男性が2人、女性が1人でした。男性の1人は私が専門分野として選んだ比較教育学の先生です。年度いっぱいで定年退職されます。後任は他大学から来られることになっていましたので、私は暮れにその先生の大学を訪問してご挨拶をしてきました。

面接では大学院で研究したいこと、同大学院を選んだ理由、それまでの経験、教員をしてきて感じたことなどごく一般的なことを聞かれました。難しい質問もなく私はリラックスして答えることができました。お一人の質問が印象に残っています。それは英語の論文をどれくらいの速さで読めるかという質問でした。「15分で10ページくらい読めますか？」と聞かれました。私はすぐに「はい読めます」と答えましたが、もちろんそのときの私はとてもそんな速さでは読めません。先生たちが私の返答を信じたかどうかはわかりませんが、私は大学院では英語の論文をそれくらいの速さで読めなくてはいけないということを知りました。

面接は20分ほどで終わりました。帰り道ふと自分が中学生に面接指導をしていたときのことを思い出しました。あのとき生徒たちにアドバイスしていたことをその日は自分が実践することになったのです。

結果は翌日発表され、私は掲示板に自分の受験番号を無事見つけることができました。事務所で合格通知書を受け取ったときは「やっと終わった」とほっとしました。その年は息子も大学受験でしたが、息子には一足先に受け取った合格通知を見せびらかしたことを覚えています。

## 3 ― 私が教員養成系の大学院を選ばなかった理由

大学院に進学することを決断した際、私は教員養成系の大学院は念頭にありませんでした。理由はいくつかあります。

まず30代のときの体験です。学び直しの必要性を感じた私は地元の国立大学に「内地留学」をしたいと校長に申し出ました。大学院教育学研究科の修士課程です。「内地留学」（私にはちょっと違和感のあることばです）というのは現職のまま国内の大学院等に派遣されて研究を行うものです。教育委員会から派遣される場合もありますし、教員が自ら希望して行く場合もあります。

私の希望を聞いた校長は次のように言いました。「受験はできるけどあなたはこの大学を卒業していないから合格は難しいと思いますよ」確かに私はその大学の卒業生ではありません。関西にある一般大学の教職課程で教員免許を取得したので、教員になるための専門的な勉強をしたわけでもありません。だからこそ改めて学び直したいと思ったのです。ところが受ける前から校長に「合格は難しい」と言われたのです。

私はびっくりしました。ちなみに校長は同大学の卒業生です。

卒業生と非卒業生が受験した場合、受け入れる大学院としてはできれば前者を合格させたいと思うでしょう。大学教員としても自分の研究室の出身者がいたらその人を優先的に受け入れたいと思う気持ちはわからないではありません。しかし、それは不公平です。「内地留学」という制度はすべての教員に開かれたものですから、合否の判断は客観的かつ公平に行われなければいけないはずです。公平な選抜が行われて不合格になったのだとしたら納得がいきますが、受験する前から合否が決まっているというのは何とも理不尽です。

退職せずに大学院で学ぶ方法は他にもありました。その数年前に設置された「教育大学院」に派遣される方法です。当時は教職大学院がまだなかったので、派遣先としては上越、兵庫、鳴門の三大学がリストアップされていました。でも私はこれらの大学に行くことは考えませんでした。地元に大学院があるのになぜわざわざ遠くの大学院に行く必要があるのでしょう。それらの大学院に行くメリットを私は見いだせませんでした。

理由は他にもあります。これはかなり個人的見解ですが、教員養成系の大学を出た人に私はあまり魅力を感じなかったのです。彼（女）らは概してまじめで仕事に熱心です。一方で私には型にはまった人が多いように感じられました。斬新な発想や冒険をする人が少ないようにも感じていました。まとまり過ぎているのです。私は何でも無難にこなす人間より、不器用でも冒険心があり、何事にも果敢に挑戦する人間に魅力を感じます。教員も同じです。責任がしっかり取れればそれでよいと思うのです。

もちろん教員養成系大学の出身者すべてが型にはまっているとは言いません。そうでない人もいますし、魅力的な人はたくさんいます。教職を専門に学んでいるので教育に関する知識は豊富ですし、授業も上手な人が多いです。学ぶことの多い人はいましたが、私が「面白い」と感じる人に出会うことは少なかったです。

たとえば50代のある先生は私が「内地留学」を希望した地元の教員養成系大学の出身でした。授業は上手で「わかりやすい」「面白い」と生徒の評判も悪くありません。でも授業以外では生徒からも教師からもちょっと煙たがられていました。生徒に言わせると説教が多すぎるというのです。そしてそれが長いのです。いったん始まると延々と続くのは私もよく目にしていました。

彼は教育論を語るのが好きでした。同僚に対してだけではありません。生徒にもよく語っていました。職員室で生徒を指導していたときペスタロッチの哲学について熱っぽく語っているのが聞こえました。生徒は黙って聞いていましたが、「中学1年生にペスタロッチ？」と私は思いました。生徒が彼の話を理解したかどうかも私にはわかりません。

そんな私がなぜ一時は教員養成系大学院への「内地留学」を考えたのかと問われそうですが、学ぶことが可能ならばその点は甘んじて受け入れようと思ったからです。それに教員養成の現場を体験するのも悪くないと思ったのです。私が「型にはまった教師」と思える人材が養成されているのか、そうであるならばどこにその要因があるのか確かめたいと思いました。もしかしたら私の見方が間違っているかもしれません。実態を見て判断することは大事だと思いました。しかし、先の校長のことばでその選択肢はなくなりました。

私が教員養成系大学院を敬遠する理由がもうひとつあります。「学閥」です。地元なので先の大学の出身者は勤務校ほか市内の学校にもたくさんいました。「○○会」という同窓会が組織され、教員人事などで政治的な力が働いていると感じることもたびたびありました。もちろん学閥に距離を置く人も中にはいましたが。

教員養成系大学に対するこうした私の違和感は教員になったときからずっとありました。いや、教員になる前からだったかもしれません。日本では開放性の教員養成が行われ私のように教育学部を出ていなくても教員免許が取得できます。教師の世界に憧れ、子どものころからずっと教師になりたいと思って教員養成系大学に入り立派な教師になる人はたくさんいます。でもそうでない道から教師になった人の中にも素晴らしい人はたくさんいます。私はどちらかと言うと後者に魅力を感じていました。

いずれにしても私は総合大学の教育学研究科に進学しました。教員の身分を保てる大学院就学休業制度も利用しませんでした。現場に戻ることは考えておらず、研究の道に進もうと心に決めていたからです。

## 4 ── 入学式で保護者に間違えられる

入学式は4月2日に行われました。大規模な大学なので入学式は2日間の午前と午後に分けて行われました。教育学研究科は教育学部と同じ日の午前中の部に入っていました。文学部や法学部なども一緒だったと記憶しています。入学式はキャンパス内にある記念会堂で行われました。受付には新入生とともに保護者の姿もたくさんありました。受付に若い新入生が多く並ぶ中で私の番が来ると

修士課程入学の日は桜の花が満開でした

受付の人が「保護者の方ですか」と聞いてきました。「いえ、新入生です」と答えましたが、確かに私は保護者の世代です。苦笑いしてしまいました。

キャンパスではあちこちでサークルの勧誘が行われていました。新入生に近寄って声をかける学生たち。30年前に自分が大学に入学したときを思い出しました。あちこちから声をかけられて結局私はESSに入りました。今日も私は新入生です。でも誰も声をかけてはきません。新入生向けのチラシを配る業者も私には何もくれません。やはり保護者と思われているのでしょう。

式は厳粛に行われました。ガウンを着た教授がずらりとステージに並ぶ景色は壮観でした。最後に壇上の応援団がリードして校歌が歌われました。よく知られた校歌です。周りの新入生は腕を振り上げながら歌っています。二階席の保護者の中からも歌声が聞こえます。保護者にも卒業生がたくさんいるのでしょう。愛校心が感じられます。私は物珍しくて歌うよりも周囲をきょろきょろ見回してばかりいました。

全体式のあと研究科ごとの式が行われました。教育学研究科のある棟はキャンパスのはずれにあります。新しい棟が立ち並ぶ中で際立って古さの目立つ棟です。エレベーターも小さくて数人乗るといっぱいになります。会場は4階だったので私は階段で上りました。会場の教室には新入生と先生たちが80名ほど集まりました。研究科長の挨拶に続いて先生たちの紹介があり、簡単な事務連絡で終わりました。とても和やかな雰囲気でした。

そのあとは指導教授と一緒に研究室に移動しました。同期の院生は4人で、男性と女性が2人ずつです。私以外は学部を卒業したばかりのストレートマスターです。1人はこの大学の教育学部からそのまま大学院に進んだ男性で、あとの2人は他大学の法学部と文学部の出身です。3人とも私の子どもと同じ世代です。そんな若者と一緒に学ぶのかと思うと嬉しさと恥ずかしさが入り混じった複雑な心境でした。彼らはどう思っていたのでしょう。

指導教授は私より2歳年上です。私は暮れにすでにお会いしていましたが、3人は初対面だったようです。研究室ではお互いに自己紹介をして、翌日以降の流れを確認しました。授業が始まるのは10日以降です。当面は科目追録など様々な手続きに明け暮れそうです。

すべてが終わってからキャンパス内を少し歩いてみました。大きな棟がいくつも立ち並び、正門近くには創立者の銅像が立っています。その向こうには創立者の名前を冠した講堂が見えます。高校生のときに憧れていた大学のキャンパスを30年後に院生として歩いていることに不思議な感じがしました。でもこれからの生活をあれこれ思い描きながら期待に胸を膨らませていたことも確かです。

## 5 ― 授業は大変だけど楽しい

修士課程を修了するには2年間で32単位（1科目2単位か4単位）以上取らなければなりませんでした。履修要綱には以下のように記載されています。

1　研究指導を2年以上受け、修士論文に合格する。
2　指導教員が担当する演習科目計8単位を修得する。

3　学校教育専攻設置講義科目の最低単位数は4～12単位とする。
4　学校教育専攻以外の専攻に所属する学生の選択科目の最低単位数は、自専攻の「教科教育特論」4単位を含む12単位とする。
5　共通選択科目の最低単位数は、A群4単位を含む4～8単位とする。
6　上記1～5とその他の科目と併せて、修了までに32単位以上を修得する。

1年目は授業をたくさん取りました。1年間で36単位までしか取れないことになっていましたが、ぎりぎりの34単位まで取りました。履修したのは専門分野の科目が多いですが、課程修了に必要のない他の研究科の科目も履修しました。たとえば、日本語教育に関心があったので日本語教育研究科の科目、情報処理の科目、さらに英文ライティングの科目などを履修しました。修了に必要なくても興味関心のあるものは可能な限り履修したので、結果的に必要単位を大幅に超えた単位数を取得することになりました。

授業はもちろん大変です。予習復習から、授業でのディスカッション、提示された論文の講読、課題レポートの作成など1科目でも膨大な時間と労力が必要です。でも楽しかったです。新たな知識が自分の中にどんどん注入されるようで、知的満足はとても大きかったです。学ぶことの楽しさを存分に味わっていた気がします。

教育に関しては自分が教師として実践してきたことが実はこんな理論に裏付けされていたのだと知ったり、あれでよかったのだと思ったりすることがよくありました。逆に、自分の指導が間違っていたことに気づいたり、授業をこんな風に進めればよかったと思ったりすることもありました。理論と実践が結びつくのを感じました。現場の経験があったからだと思います。大学院への進学を考えている方には社会での経験を経てから進学することを強く勧めたいです。いずれにしても私の大学院1年目は授業に明け暮れました。

2年目は修了に必要な残りの12単位分4科目を履修しました。この年は修士論文という大きな仕事がありますが、履修科目は1年目に比べて大幅に減りました。そこで私は興味深そうな授業は履修登録に関係なく出ることにしました。授業は学部の授業もあれば大学院の授業もあり、法学部や文学部の授業など専門分野以外のものも出ました。特に学部の授業は面白そうなものがたくさんあります。それに大教室が多いので私のようなものが潜り込んでも目立ちません。

私は海外の教育を研究対象にしていますので外国の政治や法律についても学ぶ必要があると思い、政治経済学部や法学部の授業にも出ました。担当の先生には個人的にお願いして許可をいただきました。どの先生も快く受け入れてくださり、個人的にも温かくご指導くださいました。日本語教育研究科の授業は複数受講しました。先生の中にはゼミの海外研修に同行させてくださる方もおり、有益な情報をたくさん入手することができました。現地での貴重な人的ネットワークを築くことができたのもひとえに先生方のお陰だと思っています。2年目はさらに他大学の授業も聴講しました。研究で知り合った人が非常勤で教えていたからです。

授業をたくさん取ればそれだけ課題も増え、講読する文献も多くなります。時間はいくらあっても足りません。行き帰りの電車は文献を読む貴重な時間でした。私の通学は往復3時間かかっており、そのうち3分の2は電車に乗っています。その時間を無駄にすることはできません。短い論文を読むことが多かったですが、自分の書いたレポートや学会発表の原稿を読むこともありました。

　ある日、電車の中でレポートの下書きを読み返していたときです。隣に座ったビジネスマン風の男性が突然こう言ってきました。「その文章『の』が多いですね」びっくりしました。彼は私のレポートを覗き込んでいたのです。普通だったら私は気分を害したでしょう。苦言を呈するか、嫌な顔をして無視するか、席を移動したかもしれません。でもそのときは違いました。私は彼にこう聞き返しました。「あなただったらどう修正しますか？」と。彼の指摘は的確だったからです。私の文章に「の」が多いことは自分でも認識していました。「○○の××の」というように必要以上に「の」でつなげてしまうのです。覗き込むという失礼な行為でしたが、短時間のうちに私の文章の欠点に気づきそれを指摘してくれた彼はいったい何者だったのでしょう。記憶に残る電車の中の「文章指導」でした。ちなみに彼は次の駅で降りてしまったので私はアドバイスをもらうことはできませんでした。

　今思うと修士の2年間はよくあれだけたくさんの授業を受けたと自分でも驚きます。学ぶことに飢えていたのかもしれません。そして学びの場所は見つけようと思えばいくらでも見つかることを実感しました。

## 6―50歳を過ぎた私が大学院で大変だったこと

「若い頃はこんなことなかったのに」　50歳を過ぎて大学院で研究を始めた私はたびたびそう思いました。以前は当たり前のようにできていたことが次第にできなくなり、予想もしない体験をすることが多くなったからです。ささいなことですが、戸惑いは大きかったです。

たとえば、英語の文献を読んでいてわからない単語が出てくると辞書で調べます。でも同じ単語を何度も調べているのです。「さっき調べたばかりなのに」と愕然とすることがよくありました。新しいことがなかなか覚えられないですし、覚えてもすぐに忘れます。

図書館で本を借りたときのことです。貸出中の本は予約を入れますが、ある本を予約したとき「この本はすでに予約されています」と表示されました。自分が借りていることをすっかり忘れていたのです。所有していることを忘れて同じ本を2冊購入したこともあります。

身体的な衰えへの対応も大変でした。たとえば教室の移動です。昼休み以外は授業の合間が10分です。広いキャンパスなので別の棟で授業が行われるときは移動に10分以上かかることがあります。若い学生はすたすたと速足で歩いていますが、私はもたもたしています。たびたび遅刻しました。走ることもありましたが50過ぎの身体には堪えます。科目を選ぶときは移動時間も考えて選ぶ必要があると思いました。

同じ棟でも教室が何階にあるかというのも大きな問題です。教育学研究科の棟は10階建てで、指導教授の研究室は9階にあります。授業を受けることの多い棟でしたが、古い棟なので小さいエレベーターが2機しかなく、5、6人乗ればいっぱいになります。研究室に急いで行かなければならないときでもエレベーターがいっぱいでしばらく乗れないことがあります。そんなときは階段を使いますが、9階までの階段歩行はスポーツ選手の強化練習のようでした。エレベーター内部には「学生はできるだけ階段を使いましょう」と貼り紙がしてあります。「私も学生だけど」と思いながら乗っていました。

身体的な問題のひとつに五十肩がありました。40代の終わり頃から右手が上がらなくなりずっと治療を受けていたのですが、大学院に入学したころがいちばんひどい状態でした。そんな中で大学の健康診断を受けたとき、「手を持ち上げてください」と言って看護師さんが私の腕を取りました。私は思わず「痛い！」と叫びました。「五十肩なんです」私がそう言うと看護師さんは「知らなかったわ。ごめんなさい」と言いました。知らなくても不思議はないです。若者には五十肩なんてないでしょうから。

目の衰えも何かと厄介でした。私はすでに老眼鏡を使用していましたが、文献を読むとき老眼鏡は必須です。でも教室のモニターやホワイトボードを見るときは老眼鏡をはずさないと見えません。さらにパソコンに向かうときはパソコン用の眼鏡にかけ直します。眼鏡をかけたり外したりするのは本当に面倒でした。

学生が使っていることばにも戸惑いました。昔とずいぶん違うからです。たとえば「ゼミ」の発音です。私はそれまでずっと「ゼ」の音を高く発音していたのですが、若い人たちは平板化して発音します。昆虫の「セミ」のような発音です。最初はこれにすごく違和感がありました。周りがみんなそう発音するので私も合わせるようにしていましたが、違和感はずっと残りました。

「お疲れさまです」「可能ですか?」にも違和感があります。「お疲れさまです」につ いてはよく言われますが、「こんにちは」の代わりに「お疲れさまです」と言われるとやはり「疲れてなんかいないのに」と思ってしまいます。メールの文頭に使われると特に奇妙に感じます。「○○していただけませんか?」の代わりに「○○は可能ですか?」と言われるのも同じです。思わず「可能だけどしてあげないわよ」と意地悪な返事をしてしまいます。ことばが時代とともに変化することはわかっているのですが、変化についていくのは大変です。

通学も体力勝負でした。自宅から大学まで片道1時間半かかりました。往復で3時間の通学は身体にすごく堪えました。夜の授業を終えて帰宅すると深夜になります。特に、ゼミの後みんなで飲みに行ったりすると終電に乗り遅れそうになることがたびたびありました。キャンパスで走り、廊下で走り、駅で走り、走ってばかりいたような気がします。夜は疲れているのでライナーに乗ることが多かったです。料金が余分にかかりますが疲れには勝てません。仕事帰りのサラリーマンが缶ビールのふたを開ける「プシュッ！」という音を恨めしく思いながら「私も飲みたいな」といつも思っていました。

さらに、これは私個人の問題かもしれませんが、自分の経験が出すぎてしまうことにも気をつけました。人生経験は若い人より多いですが、議論するときには経験よりも理論に基づいて語る必要があります。でも経験の中で蓄積された疑問や課題意識がつい前面に出て主観的な考えを述べてしまうことがありました。それは文章にも表れます。論文にも個人の考えを前面に出してしまい「それはあなたの考えですよね」とよく注意されました。

いちばん大変だったのは母の介護との両立ですが、これについては次に項を改めて書きたいと思います。

## 7 — 研究と介護の両立は綱渡りのよう

50代の私にとって大きな課題だったのが母の介護です。その年代になると親の介護が必要な人は少なくありません。私もそのひとりでした。私が大学院に進学したとき母は70代後半でした。私の父である夫を70歳のときに亡くし、それ以降はマンションで一人暮らしをしていました。何でも自分でできましたし、どこにでも元気に出かけていました。病院にも自分で行っていました。

私は車で30分ほどのところに住んでおり、何かあってもすぐに駆け付けることができました。そんな状態だったので私は大学院への進学にためらいはありませんでした。母が介護をもっと必要としていたら考えたかもしれません。程度にもよると思いますが、ひょっとしたら断念していたかもしれません。

ところが80歳を過ぎたあたりから母は次第に身体が不自由になり、介護が必要になり始めました。ある日歩行がおかしいことに気づきました。すくみ足になり、家の中でもふらついています。病院に行きいろいろ調べましたが原因ははっきりしません。

初めて聞く病名が告げられましたが、少なくとも一人では出かけられなくなりました。頭はしっかりしており、記憶も私より確かなくらいです。でも、身体は以前のようではないことは確かです。いつ転んでもおかしくない状態で、見ていてもはらはらします。

母は介護認定を受け、要支援2と判定されました。要介護ではないのでまだ自立が可能です。母と私はケアマネジャーとこれから先のことを相談しました。まず、マンションのリフォームを行いました。手すりを取り付け、段差をなくし、風呂場も改装しました。新しいベッドを購入し、母が一人でも安心して生活できるようできる限りのことをしました。クローゼットの中を整理し、母が日常使うものはいつでも取り出せるところに収納し直しました。

ヘルパーを頼み掃除やゴミ出しなどお願いしました。食事は夕食だけ宅配を利用することにしました。料理が好きな母でしたが台所に立つのは心配です。転ぶ恐れもありますし、ガスの扱いも不安です。母はデイケアにも通いました。少しでも運動すれば歩行の改善につながるかもしれないと思ったからです。外出するための車いすも購入しました。サポートセンターに通じる緊急ベルを設置し、母には携帯電話を持たせました。

　私には兄が一人います。私と同じように車で30分ほどのところに住んでいますが、兄には仕事があり、母のところはたまにしか訪れません。専業主婦の兄嫁も母が元気だったころはいっしょに買い物に行ったりしていましたが、母の身体が不自由になるにつれて顔を出すことが少なくなり、疎遠になっていきました。母と兄嫁の関係がしっくり行っていないことは私にもわかっていましたが、私は介入しませんでした。それは夫であり息子である兄の役目です。いずれにしても母を支えるのは私しかいないと思って私は母を世話しました。母がいちばん頼りにしているのは娘である私だということがわかっていたからです。

　母は私が大学院で学ぶことを心から応援してくれました。喜んでもいました。大正生まれで女学校しか出ていない母は、女性に教育はいらないという風潮の中で育った人です。女性は幸せな結婚をするのがいちばんという意識が母の中にもあったと思うのですが、私が18歳で4年制の大学に進学したときも、50歳のときに大学院に進学したときも心から喜んでくれました。「あなたの勉強の邪魔にならないよう私も元気でいなくちゃね」と口癖のように言っていました。娘に迷惑をかけてはいけないと思う気持ちが母の中にあることを痛いほど感じました。自分の具合が悪くなったら娘が勉強できなくなる。そう思いながら母は80代の半ばで施設に入居するまで一人暮らしを続けました。

身体が不自由になって母の生活は一変しました。それに合わせて私の生活も大きく変わりました。母は複数の医者にかかっていましたが、通院はすべて私が付き添うことにしました。私は授業の合間を縫って母の通院に同行しましたが、毎週のように医者に通うのは正直言って大変でした。

買い物や役所の手続き、銀行預金の引き下ろしなどにも同行しました。気晴らしのため時々外にも連れ出しました。料理を作って届けることもたびたびありました。身体が不自由になったので母は身の回りのことも思うようにできません。電球が切れた、エアコンの調子が悪い、高いところにあるものを取ってほしいなどと言っては電話がかかってきました。娘に迷惑をかけたくないと思っても頼らざるを得ない母の気持ちがわかるので私もできるだけ対応しました。でも時に冷ややかな対応をしてしまうこともあり、その都度自己嫌悪に陥りました。

介護しながらの研究でいちばん大変だったのが学会や調査で海外に出かけるときです。国内にいれば何かあってもすぐに行けますが、海外ではそういうわけにいきません。兄に頼んで出かけましたが、特別なことがなければ兄は母のところには行きません。海外からは毎日のように母に電話をかけたので電話代はすごくかかりました。

私が大学院に入学した翌年、先輩の女性教員が私と同じように退職して大学院に進学しました。私より5歳ほど年長の彼女は研究熱心で研究会でも活発に活動し、学会発表もたびたび行っていました。そんな彼女が大学院に行き始めて少したった頃に町でばったり会うと「あなたに背中を押されたのよ。大学院は最高ね」と院生生活の様子を嬉々として語っていたのですが、半年ほどして再び会ったときには大学院を辞めたと言いました。理由を尋ねると母親の介護が必要になったからだと言います。「私も母を介護しながら研究していますよ」と私が言うと、「介護の必要な親をほったらかして大学院に行くなんて娘としてはできないわ」と言います。私が親をほったらかしにしていると言われているようにも聞こえましたが、私は「残念ですね」としか答えませんでした。

彼女の母親がどの程度の要介護度かわかりませんし、人にはそれぞれの考え方があります。彼女が大学院を諦めたのは残念ですが、でもそれは彼女が決めたことです。介護をしながら大学院に行くのは確かに大変です。ジレンマもあります。けれどもできないと思ったら何もできません。できる方法を考えながら工夫してやることも大事です。綱渡りのような生活でも工夫すれば両立は可能だと私は思っています。

## 8 ── 学費は奨学金とアルバイトで

私は修士課程の2年目から奨学金を得てきました。退職して収入がなくなった私にとって奨学金はこの上もなく有難いものです。申請して得たものもありますし、大学の推薦により給付されたものもあります。特に嬉しかったのは博士課程に入学したとき、創立者の名を冠した特別奨学金を授与されたことです。博士課程の入試の結果で選ばれるのですが、研究科で1名の枠に選ばれたのです。予想もしていなかったのでびっくりしましたし、私なんかがもらってよいのかなと思いました。でも、しっかり研究しなさいという意味だと思い有難く受け取りました。

知り合いの中には「学費に困っている若い学生がいるのだから譲ってあげたらいいのに」という人がいました。確かに学費に苦労する学生は少なくありません。そうした学生を援助したいという気持ちは私にもあります。でも私が取得した奨学金は入試の結果得たものであり、大学が選考したものです。競争で勝ち取ったものだと言えます。アカデミックな競争です。年齢は関係ありません。

さらに、私がこの奨学金を辞退したとしても代わりに受け取る人がどのような人なのかはわかりません。苦学生とも限りません。私より経済的に豊かな人に渡るかもしれません。たとえ経済的に苦しい学生に渡ったとしても、それが困窮するすべての学生に役立つわけではありません。奨学金制度の改善につながるなら別ですが、私一人の辞退で問題が解決するものでもありません。奨学金制度そのものの改善が必要です。

私は自分に与えられた奨学金を安易に返上するのではなく、課程を無事に修了したあと大学への寄付というかたちで「恩返し」しようと思いました。奨学金を有効に使うことがまず私の果たすべきことだと思ったのです。

学費補助のため私は学内のアルバイトもしました。正規の大学院生にはＴＡ（ティーチング・アシスタント）というアルバイトがあります。ＴＡは担当教員の指示に従って授業の補助を行います。授業にも参加します。具体的には授業が始まる前に担当教員のところに行き、出席簿と出席カードを受け取ります。配布する資料等があればそれも受け取って教室に運びます。資料はＴＡが印刷することもあります。教室では配布資料を所定の場所に置き、マイクやプロジェクターなど必要な機器を準備します。デジタル機器の扱いが得意ではない私もここでいろいろ覚えました。

授業が始まると端の方に座って授業を見守ります。途中で担当教員から何か頼まれたり、学生が何か言ってきたりすることもあります。すべて臨機応変に対応します。一定の時間が過ぎた頃に出席カードを配布します。出席カードは教室の入り口に置いておくことはしませんでした。欠席する友人の分を代わりに提出したり、自分が次に欠席したときに友達に託したりするために余分に持っていく学生がいるからです。学生もそのあたりは知恵が働きます。だから授業中に学生一人一人に配布しました。出席カードは授業終了時に回収します。ある程度時間がたったときに配布するのは最低限の時間は授業に出席させるためです。途中で退出する学生がいるからです。

配布は少人数のクラスではすぐに終わりますが、１００人以上の大教室だと時間がかかります。配布しながら学生の様子を観察するのも面白いです。大教室で前の方に座る学生はやはりまじめな学生が多く、授業も熱心に聞いています。中央から後ろの学生は様々ですが、スマホをいじっている学生はいちばん多いです。出席カードを受け取ったら退出しようと目論んでいる学生は後ろの席に座っています。少人数の場合は終了間際に一人ずつ回収することもありますが、大教室ではそれは不可能なので退出時にそれぞれが置いていきます。だから友達の分もいっしょに提出することができます。そのあたりはこちらも承知ですが何も言いません。担当教員の考え方によるからです。ＴＡの仕事は学生の様子を観察するとともにそれぞれの授業を体験できるというメリットがあります。授業も様々で大学教員の授業への向き合い方も見えます。

授業に出ていろいろと勉強することもでき、まさに一石二鳥です。

学内アルバイトには試験監督もありました。学期ごとに行われる試験の監督をするのです。さらに入試のときは監督補助の仕事もありました。試験を行う側の様子も見られるので興味深かったです。

学割も節約に役立ちました。社会人も正規の大学院生なら学割が使えるということを入学後に初めて知りました。収入のない私にはJRの運賃が2割引きとなる学割はこの上なく有難いです。定期代もかかりますし、学会で遠くに出かけるときは交通費だって馬鹿になりません。学割はフルに活用しました。夫と旅行に行くときも私だけ学割が使えて気分を良くしていました。

学生であることは他にも役立ちます。展覧会や映画なども学生証を見せれば学生料金で入場できることが多いですし、旅行やショッピングの割引に使えることがあります。ソフトウェア製品も学生割引のある「アカデミックパック」を購入しました。

生協にも学割と同じメリットがあります。書籍や文房具、日用品など2割引きで買えます。昼食も生協を利用すれば安く済みます。それに生協のメニューはバラエティに富んでいておいしいです。「こんな値段で食べられるの？」と驚きました。出資金は必要ですが後で戻ってきます。

学生という身分の有難さをすごく感じました。

## 9 ― 図書館での思わぬ出会い

大学院に通うようになって感動したもののひとつに図書館があります。今はどこの大学にも立派な図書館がありますが、私が通う大学の図書館は10年ほど前に新たに建てられ総合学術情報センターとなりました。地上4階、地下2階の近代的な建物で、総面積が3万平方メートルあり、400万冊の蔵書を有しています。図書館施設と研究・会議施設から成り、まさに学術の拠点といった感じです。学内には他にも複数の図書館がありますが、すべてオンラインで結ばれています。個室の閲覧室やグループ研究室なども数多くあり、個人で静かに閲覧したいときなどたびたび利用しました。

院生の場合は一度に30冊まで借りることができます。一般書の貸し出し期間は2週間ですが、研究書は30日間借りられます。学外からのアクセスも可能で、予約もオンラインでできます。サービスも充実しています。離れたキャンパスや他大学の図書館資料も取り寄せてくれますし、資料の探し方や調べ方も教えてくれます。至れり尽くせりといった感じです。

過去の博士論文や修士論文が閲覧できるのも助かりました。いちばん有難かったのはジャーナルへのアクセスです。電子ジャーナルは海外のものなど個人でのアクセスが難しいものも閲覧できますし、有料のものも大学が購入しているので学生の負担はありません。まさに知の宝庫です。

そんな図書館で思いがけない書籍と出会いました。大学院で研究を始めて半年ほど経った頃です。資料を検索しているとき、偶然祖父の名前を見つけたのです。明治初めに生まれた祖父は私が生まれるずっと前に亡くなっていますので、私は会ったことがありません。写真も家にはほとんどありませんでした。祖父のことは祖母や両親の話を通して知るくらいでしたがなぜか幼いころから気になる存在でした。

祖父は浄土真宗の僧で仏教学者でもありました。チベット仏教への関心が強く、独学でチベット語やサンスクリット語を学びインドや中国、さらに当時は国交のなかったチベットにも足を運んでいました。歴史的な動乱にも巻き込まれましたが有益な情報を数多く入手し、貴重な資料を日本に持ち帰りました。晩年は大学で教鞭を取りながら60代後半で亡くなるまで研究を続けました。質素な家に暮らし、冬は凍えた手を火鉢で温めながら書籍を執筆していたと聞いています。

私が図書館で見つけた本もそんな中で書かれたのでしょう。本は地下2階の書庫に収蔵されていました。私は無性に本に会いたくなり地下に向かいました。祖父の本は書庫のいちばん奥で静かに私を待っていました。古代インドの仏教僧について書かれたその本は大正15年の出版です。表紙を開くと古書特有のツーンとした臭いが鼻を突きました。変色した紙は乱暴に扱うと破れそうです。旧仮名遣いの文章がぎっしり並び、チベット語やサンスクリット語らしき文字も混じっています。何が書いてあるのか私にはわかりません。でも私は本を手にして貸出しカウンターに向かいました。

翌日から私はその本を読み始めました。私にとって無謀な挑戦であることはわかっています。仏教に関してもチベット語やサンスクリット語に関しても知識はまったくありません。旧仮名遣いの文章も私には外国語のように思えます。でも読み進めるうちに何となく見えてくるものがありました。研究に対する祖父の姿勢です。

1か月以上かけて私は本を読み終えました。理解できたとは言い難いですが充実感はありました。何よりも研究に対する祖父の真摯な姿勢を感じ取ることができたことが収穫でした。祖父が私に何かを伝えているような気がしました。もちろん祖父は自分の孫娘が100年後に自分の本を手にするなど想像すらしていなかったでしょう。でも私にはそこに祖父から私へのメッセージがあるように感じられました。「何歳からでも遅くないから自信を持ってやってごらん」50歳を過ぎて研究を始めた私の背中を祖父がそっと押してくれたように感じました。時空を超えて私はいつしか祖父と対話していました。無性に祖父に会いたいと思いました。

# 10 ― 若い院生への接し方

大学院には学部を卒業してそのまま大学院に入学したいわゆる「ストレートマスター」と呼ばれる人たちと、社会人としての経験を積んだあと入学した「社会人マスター」の両者がいます。私が入学した大学院にも社会人マスターはたくさんいました。その中の一人がある日憤慨した様子で私にこう言いました。「まったく不愉快。あんな若造に偉そうに言われたくないわ」聞くとゼミの発表でストレートマスターたちからいろいろ意見を言われたのですが、その際に偉そうな言い方をする院生がいたと言います。その院生は彼女の息子と同じくらいの年齢です。でも大学院の在籍は彼女より長いので「先輩」です。私は彼女に言いました。「意見を言ってくれたのだからよかったじゃない。何も言われないより言ってもらった方がいいと思う。彼は研究ではあなたより先輩なんだから、貴重なアドバイスとして受け取ったらいいんじゃない?」と。彼女は「そうだけど……」と言いながら、「でも言い方ってあるじゃない?すごく偉そうなのよ、若いくせに」と納得がいかない様子です。

「自分より若いのに」という気持ちが彼女の中に強くあるのでしょう。たしかに社会人として大学院に入学すると若い院生との年齢差を感じることは多いです。若い院生の方も同じかもしれません。でも研究では年齢差はあまり意識しない方がよいと思います。若くても自分より研究を長くやっていれば先輩です。専門的なことは自分よりよく知っているかもしれません。人生経験が長いからと言って、自分の方が何でもよく知っていると考えるのは間違いです。意見は謙虚に受け止め、異論があればそれを示せばよいだけです。大学院は率直な意見を交換する場です。言い方が偉そうで失礼に感じることはあるかもしれませんが、それと議論は別の問題です。

とはいえ若い院生との接し方に戸惑うことは私にもありました。たとえば、若い人の中には厳しい意見を言われると落ち込む人が少なからずいます。先述したようにゼミは率直な意見を言い合う場だと思うので、私は疑問に思うこと、間違っていると思うこと、改善した方がよいと思うことなど遠慮なく言うように心がけていました。研究にはそれが必要だと思うからです。他人からの指摘で自信を失う必要など全然ないと思うのですが、時に厳しい意見を言われて「傷つく」人がいます。人格を否定されているように感じるのでしょうか。中学校の教員だったときは生徒に何かを言うとき本人が傷つかないように言葉を選んでいましたが、大学院生に対しても同じように気を遣わなければいけないのかと思うと複雑な気持ちになりました。

また、若い院生の中に年長者に対する不必要な「気づかい」が見られることがあります。同世代の院生には意見が言えても、親世代の院生には遠慮して意見がなかなか言えないようなのです。気持ちはわかりますが、研究仲間としての立場は同じです。不要な壁は作らず、対等に議論ができるのがよいと思います。

一方、社会人院生の中には若い院生を子ども扱いする人を時々見かけます。特に現職教員の場合はストレートマスターを学校現場の生徒と同じように扱いがちです。ストレートマスターの中にも現職教員を「先生」と見る人がいます。大学院での指導者は指導教授です。現職教員は研究仲間であって指導者ではありません。たしかに現場の状況をよく知っていますし、指導力もあります。現場経験のないストレートマスターが現職教員から学ぶことは少なくありません。それが大学院の良いところでもあります。でも、若い院生が遠慮して批判的な意見も言えないというのでは残念です。

授業以外の場でも若い人たちとの接し方に戸惑うことはありました。食事や飲み会での「おごり」です。年上だからとついおごってあげようとしたとき、「おごられる理由はないので」と言って断られたことがありました。本人は子ども扱いされたような気分だったのかもしれません。もちろんおごられて喜ぶ院生もいますし、おごってもらおうとするちゃっかりした人もいます。人それぞれではありますが。

いずれにしても必要以上に年齢を意識せず、院生として対等に接し、お互いに学び合いながら研究に取り組むことが大事だと思います。

## 11 ―― 修士論文は目標ラインを決めて取り組む

修士論文の計画書を提出したのは2年目の5月でした。研究テーマは入学前から決めていましたし、論文の構想は1年目の夏ごろから練り始めていました。章立てについても少しずつ考えていました。ストレートマスターの中には入学しても研究テーマが定まっていないという人がいますが、社会人はテーマを決めて入学する人が多いので、ゼミでも最初からテーマに沿った発表をしていました。私もそうでした。だからゼミの発表は1年目から修論を意識して行いました。2年間はあっという間に終わってしまいそうな気がしていたので、計画的に進めないと修論を完成させることができないと思ったからです。

研究テーマは「多文化社会の教育」でオーストラリアを事例として取り上げました。移民国家であるオーストラリアは国の政策として多文化主義を採用し、学校においても社会の言語や文化の多様性に対応した教育が行われてきました。それがどのように行われ、それを実践する現場の教師にはどのような資質能力が求められているか、さらに大学の教員養成でそれがどのように形成されているかを研究したいと思いました。

グローバル化が進む中で日本の社会でも多様な背景を持つ人々が生活するようになっています。その中には学齢期の子どももたくさんおり、学校でも多文化共生のための教育が必要です。しかし現実には十分な実践が行われているとは言えません。教師にも多様性に対応できる資質能力が備わっているとは言えない状況です。そこで多様性の度合いが日本よりはるかに大きく、歴史的にも長い期間多様性に対応してきたオーストラリアの事例を研究したいと思いました。それがこれからの日本に役立つと考えたからです。

まず、過去の修士論文を片っ端から閲覧し、どのような論文が提出されているか調べました。大学にはそれまでに提出された修士論文と博士論文がすべて保管されています。それらを見れば論文の構成や体裁などがわかります。この先自分がどのように研究を進めていけばよいかも見えてきます。入試のときは過去問の検討から始めましたが、修士の研究では過去の修士論文の検討から始めました。

様々な修士論文がありましたが、体裁はどれもほとんど同じです。「はじめに」に続いて研究の背景と目的、先行研究の批判的検討、研究の枠組みと方法、論文の構成などが記述されます。そしてメインの本論が展開され、そこから導き出される結論と残された課題へと続きます。最後に参考文献一覧が示され、謝辞などが記されます。論文には決まった型があることを知りました。

閲覧していて感じたのは修士論文と言っても玉石混交だということです。内容も分量もレベルもまちまちです。中には博士論文と言ってもおかしくないような立派なものもあれば、卒業論文かと思えるようなものもあります。他大学の修士論文も閲覧しましたが、失礼ですが授業の課題レポートのように思えるものもありました。私が専門とする比較教育学の分野でも、海外の政策文書を翻訳しただけのようなものや海外調査の報告書のようなものもありました。いずれも審査に合格しているのでしょうが、大学によって基準がまちまちであることを認識しました。それまでは大学院で学位を取得するのだから修士論文のレベルも高いだろうと思っていましたが、そうとばかりは言えないということがわかりました。

次に先行研究を検討しました。論文執筆に先行研究の検討は不可欠です。これまでどのような研究が行われ、どこまで明らかにされ、何が課題として残されているかを考察します。私が研究しようとしているオーストラリアの教育に関して、日本では教育行政、言語政策と言語教育、移民を対象とした多文化教育の研究が多くを占めていました。多様性への対応では教師の重要性も指摘されていますが研究はほとんど行われていないことがわかりました。だから私がしようとしている研究は有意義なものになるだろうと思いました。

先行研究の検討では苦労したことがあります。対象の絞り込みです。先行研究は自分の研究に関係あるものを選んで検討するのですが、私にはどれもこれも関係ありそうに思えてなかなか絞り切れないのです。でも、すべて検討していたらそれだけで修士課程が終わってしまいそうです。先行研究の精選はとても大事です。それでも精選しきれませんでした。

ちなみに私のこの苦労は私がモノを捨てるのが苦手な性格に由来しているように感じました。「不要な論文」を思い切って捨てられないのです。「こんまりさん」だったら「ときめく論文だけ残しなさい」とアドバイスしてくれるかもしれません。

次に大変だったのが章立てです。章立てが確立すればあとはそれに沿って記述していけばよいのですが、納得のいく章立てがなかなかできないのです。章立てについては何度も何度も組み替えました。説得力のある論文にするにはどのような章立てにしたらよいか悩みながら、章の入れ替えをくり返し行いました。たとえて言うなら部屋の間取りや家具の配置を何度も変えたり、パズルのピースを何度も組み直したりする状態です。

章立てが固まったらあとは一気に執筆です。ゼミや他の授業、学会や研究会などで発表したものをもとに記述を積み重ねていきました。執筆は主に家で行い、四六時中パソコンに向かっていました。自立して家を出た子どもの部屋が空いていたのでそこを書斎として使いましたが、パソコン以外に資料を広げると子どもの学習机では狭すぎます。次第にダイニングキッチンの大きなテーブルを「侵略」するようになりました。

ダイニングキッチンだと食事を作りながら論文に取り組めます。一時はそれくらい没頭していました。料理をしているときにも思わぬ考えが閃くことがあります。そんなときはすぐにパソコンに向かってキーボードを打ち始めます。そうしないと忘れてしまうからです。でもそのうちに料理をしていたことを忘れてしまい、鍋を焦げ付かせることがたびたびありました。焼き魚だってどれだけ炭にしたかわかりません。

最終的に修論は2年目の暮れに完成させることができました。提出は年明けでしたが、年内に完成させることができてほっとしました。提出し終わったときは夫と2人で温泉に行ってのんびりしました。ただ、そのあと少ししたときです。頭髪が一部抜け落ちていることに気づきました。円形脱毛症になっていたのです。自分でも気づかぬうちに身体に負荷がかかっていたようです。やはり論文の執筆は大きな仕事です。

今振り返って思うのは修論には完璧を求め過ぎないことが大事だということです。社会人として大学院に入学する人は問題意識が高いのでつい気合を入れて完璧な論文を書こうとします。私も最初はそうでした。でも2年間という限られた時間ですからやれることには限界があります。レベルの高い論文を目指すことは大事ですが、気負い過ぎてもいけないと思います。ある程度「妥協」することも必要です。自分なりの目標を設定し、そこまで到達できればよいと考えて取り組むのがよいと思います。

## 12 ― 卒業式の総代に選ばれる

修士課程が終わろうとする2月のある日、研究科の事務所から自宅に電話がありました。電話をくれたのは事務所のSさんです。事務所に行くたびに言葉を交わし親しくしていました。科目の登録や証明書の交付などでもたびたびお世話になった方です。その彼が言うには私が卒業式の研究科総代に選ばれたというのです。

私はびっくりして「何かの間違いではありませんか？」とSさんに聞きました。総代になるなんて考えてもいませんでした。科目の成績はそれほど悪くはありません。修論も合格しましたし、自分でもまずまずの出来栄えだったと思っていました。でも総代になるほどの成績だとは思っていませんでした。周りの人がみんな自分より成績がいいように感じていました。

電話の向こうでSさんは言いました。「いいえ間違いなんかじゃないですよ。厳正に評価されて総代に選ばれたのです。おめでとうございます」そう言われて私は嬉しく思いました。でも同時に不安もありました。笑われるかもしれませんが壇上で転んだらどうしようと思ったのです。躓いて転びそうになることがだんだん増えていました。それに入学式で保護者と間違われた私です。若い人たちがたくさんいるのに私のようなおばさんが総代になるのがちょっと照れくさかったのです。私はSさんにこう言いました。「私よりもっと若い人の方がいいのではないですか？　どなたかに代わってもらえませんか？」　Sさんは一瞬戸惑ったようでしたが、笑いながら言いました。「とんでもない。自信を持って引き受けてくださいよ」と。たしかに総代を代わってもらうという話は聞いたことがありません。

こうして私は3月終わりの学位授与式に教育学研究科の総代として壇上に上がりました。そして心配した壇上での躓きもなく無事に学位記を受け取りました。当日は夫と娘、そ

修士の学位授与式で総代を務める

して親しい友人が何人も参列して祝ってくれました。3月とは言いながらとても寒い日でしたが、修士課程を無事に終え学位を取得した私は充実感でいっぱいでした。心がぽかぽかしていたことを記憶しています。

# 博士課程編

## 13 ― 博士課程に進む

修士課程を修了した私はそのまま博士課程に進学しました。修士課程に入ったときは博士課程への進学はまったく考えていませんでした。大学院生活がどのようなものになるかわかりませんでしたし、修士課程だって無事に修了できるかどうかわからなかったからです。

でも、修士論文を無事に提出できたとき私は博士課程への進学を決意しました。修論を完成させた私は充足感を味わっていました。達成感もありました。2年間研究を続けてきて研究の面白さを存分に味わいました。こんなに面白いことをここで終わらせるのはもったいないというのが正直な気持ちです。あれほど苦痛だった英語の文献講読もそのときは楽しいと感じるようになっていました。

私は指導教授に博士課程に進学したいと伝えました。教授は「いいですよ。頑張ってください」と言ってすんなり了承してくれました。出願締め切りは3週間後に迫っていました。入試までの期間もほとんどありません。私はさっそく入試要項を事務所でもらい、必要書類を集め始めました。

試験は修士課程と同じく筆記と面接で行われます。修士のときのように入学センターで過去問をコピーしてきました。筆記試験には英語と資料解読がありますが、資料解読は修士課程で培った力が発揮できます。「任せて!」という気持ちでした。

過去問は入手しましたが、試験まで時間がなかったこともあり入試に向けた勉強はほとんどしませんでした。何となく「落ちる」気がしなかったのです。指導教授が「オーケー」を出したらそれは落ちないということなのだと勝手に理解していました。

試験は2月に行われました。1日の日程で午前中は筆記試験、午後は口述試験(面接)です。当日はとても寒い日でした。試験会場の朝の教室では十数名の人がすでに座席についていました。同じゼミからも同期の男性が一人受験しています。彼とは席が離れていたので、軽く言葉を交わしただけで自分の席に着き試験開始を待ちました。ゼミでは気軽に話をする仲ですが試験会場はそういう雰囲気ではありませんでした。

筆記試験は英語の読解と資料の解読です。英語の読解は400語ほどの英文を要約する問題が1問と、600語ほどの英文を読んで問いに答える問題の2問でした。それほど長い英文でもないし難解でもありません。

資料解読は教育に関する短い英文を日本語に訳す問題が1問と、比較的長めの英文を読んで指摘された箇所を日本語に訳す問題および英文の内容について日本語で論じる問題の2問が設定されていました。いずれの問題にも自分の知識を総動員して答えました。まずまずの出来だったと思います。

筆記試験はもっと手ごわい問題を覚悟していたのでいささか拍子抜けしました。

午後の口述試験は指導教授を含めて3人の先生が面接することになっていましたが、部屋に入ると2人しかいません。指導教授と修士のときからお世話になっている他の研究室の教授です。もう一人はどうされたのかなと思いましたが面接はそのまま行われました。面接というより雑談のような雰囲気でした。終わって部屋を出るとき女性教授が足早に駆け込んできました。もう一人の面接官だったようです。厳しい指導で知られるお局様的な教授です。彼女のような先生でも遅刻することを知り何だかほっとした気分になりました。

合格発表は翌日でした。あまりにスピーディなので驚きましたが無事に合格できました。ちゃんと採点されているのかなと思ったりしましたが、不合格者もいたので適正に行われていたのでしょう。受験する人が少ないので翌日の発表も可能なのだと納得しました。

入学式は4月1日の午前中に行われましたが欠席しました。修士課程のときとほとんど同じだと思ったからです。修士のときは保護者と間違えられた私です。今回も参加していたらまた保護者扱いされていたと思います。何しろ前回より2歳年を重ねているのですから。入学式は欠席しましたが午後のガイダンスは参加しました。こうして私の博士課程がスタートしました。

## 14 ― 博士課程は自分で研究を進める

博士課程の履修要綱には次のように記されています。「博士の学位を取得しようとする者は通常3年以上在学し、指導教員が担当する演習科目について4単位を修得し、所要の研究指導を受けた上、博士論文の審査および試験に合格しなければならない」。

博士課程の授業は指導教授の行う演習を1コマと、他の研究室の演習を1コマ受けます。後者は複合履修という名前で呼ばれていました。複合履修は自分の専門分野以外の研究に触れて自己の研究領域を深化させるとともに、幅広い視点や実践的能力を蓄えることをねらいとしており、他の研究室の演習科目を1年間履修します。私は社会教育学の演習を選びました。研究室が違うと研究の内容もやり方も違います。学生の構成もゼミの雰囲気も違います。私にとってはとても新鮮で有意義な時間でした。

博士課程では他に必修科目はありません。指導教授の指導を受けながらひたすら自分で研究を進めます。孤独な作業です。だから院生同士で支え合うことが重要です。ゼミは修士課程と博士課程合同で行っていましたが、それとは別に博士課程の院生で集まり自主的なゼミを行いました。修士と博士の院生が共に議論する場はいずれにとっても有意義です。でも研究の進め方やレベルはやはり異なります。それゆえ博士課程の院生だけで議論する場を設けたのです。

研究室の仲間はみんな比較教育学を研究していますが、それぞれが研究対象とする国や地域はまちまちです。テーマも異なります。でも海外の教育を研究するという点では一致しています。だからお互いの研究が参考になります。先生を交えて毎回活発に議論し、研究の悩みなどを語り合いました。科研費を取得して共同研究も行いました。

研究室以外の自主ゼミにも参加しました。個人的につながりのある他学部の先生からお誘いを受けて研究会に参加させていただいたのです。分野の異なる研究ですがこれもすごく役立ちました。書籍の出版や辞書の編纂などにも関わらせていただきました。

さらに大規模大学という利点を生かして、修士課程のときと同じように興味深いテーマを扱っている授業に「潜り込み」ました。大教室だとだれも気に留めません。担当の先生の許可を得て聴講させてもらったこともありますが、どの授業も私の知的欲求を満たしてくれました。

修士から引き続いてTAをやりましたが、これも興味のある授業を選べば自分も学べます。一石二鳥です。

博士課程の授業はほとんどありませんが自分で授業や研究会、学会にどんどん参加しました。大学は知の宝庫です。院生という立場を利用しない手はありません。役に立つと思うことは積極的に行うことが大事だと思います。そうすれば孤独な研究も孤独を感じなくなります。

## 15 ― 研究しながら仕事をする

仕事をしながら大学院で研究をする人は多いですが、私は研究をしながら仕事をしました。研究が「主」で仕事は研究のためです。研究は学校現場に還元することが目的なので現場とのつながりは切りたくなかったのです。研究のための研究にもしたくありませんでした。だから様々な教育現場で仕事をしました。もちろん仕事は学費を得るためでもあります。

修士課程の2年目に勤務を始めたのが私立の中学校です。仕事は大学の掲示板で見つけました。募集要項を見て興味が湧き応募しました。小学校から大学まである有名な一貫校で、日本でも有数の学費の高い学校です。小中高は首都圏に複数あります。裕福な家庭の子どもが多く在籍しており、政界や財界、学術や芸術の分野などでも著名な人たちの子どもがたくさんいました。私は週に2日、英語を10コマ担当しましたが、それまで公立学校の経験しかない私には別世界の感がありました。私立学校と公立学校の違いを知り、新たな学びがたくさんありました。貴重な体験でした。

ちなみにその系列の大学は私が在籍している大学とは歴史的にライバル関係にあります。野球などスポーツではそれぞれが愛校心を露わにして応援します。そんなライバル校を同時に体験しながら私は6年間過ごしました。昼と夜とでそれぞれの校歌を歌い分けていたのも懐かしい思い出です。

大学でも非常勤で教えました。ひとつは理工系の国立大学で1年生を対象に論文やレポートを書くためのアカデミックライティングの授業、もうひとつは私が在籍する大学の学部の授業で、私の専門である海外の教育についての授業です。いずれも個人的に仕事を依頼されました。

その後、某自治体の社会教育機関で専任講師として採用されました。この機関は県立の大学が閉学となったあと、その人的資源を活用して一般市民のために言語や文化に関する講座を行い、県民の国際理解を深め、多文化共生社会の実現に寄与することを目的に設置されたものです。県民の多文化・異文化理解の推進や外国籍県民が生活しやすい環境作りを目指し、教員研修、外国籍県民の日本語講座、生涯学習などの講座を開設していました。私は主に教員研修と生涯学習部門を担当し、前者では外国語を担当する教員の研修を担いました。

さらに地元の教育委員会から依頼されて外国籍生徒の日本語指導や病気療養をする教員の代替もやりました。いずれにしてもこうして学校現場とのつながりを保ちながら研究を進められたことは、現場に還元できる研究を目指す私にとってはとても有意義でした。

仕事をすることは学費を得るためでもあります。教員の職を辞して大学院に入った私は無収入となりました。大学院で学ぶには学費がかかりますし、研究には費用が必要です。特に海外調査は大きな出費です。研究費などのない私はすべて自費で対応しなければなりません。働くことは必須でした。

先述したように私は修士の時代に奨学金をもらっていましたが、博士課程でも学内の奨学金を得ることができました。ひとつは博士課程に入学したときに授与された特別奨学金です。入学試験の結果で選ばれるものですが研究科で1名の枠に選ばれたのです。予想もしていなかったので驚きましたが嬉しかったです。2年目、3年目も創立者の名を冠した奨学金を得ることができました。博士課程の在籍者全員に給付される奨学金も得ました。さらにTAや試験監督も続けました。こうして仕事で得る収入と奨学金とで私は大学院での研究を続けることができました。

## 16 ― 飲み会で研究の活力を養う

修士課程のときからゼミの後はよく飲みに行っていましたが、博士課程に入ってからはほぼ毎回のように行きました。先生が声をかけてくださることが多かったですが、ゼミの後は飲み会をするのがあたりまえになっていました。ゼミの二次会といった感じです。

飲み会は修士・博士合同の大人数のときもあれば、博士だけの少人数のこともあります。たいていは大学近くの居酒屋や小料理屋に行きますが、時にはおしゃれなレストランやワインバーなどにも行きました。でもみんなお金のない学生なので安いお店が多かったです。ガード下の飲み屋横丁が大好きな私にはそれがとても心地よかったです。

ゼミ生もお酒が入ると教室では見えない姿を見せることがあります。研究に関する議論もよくやりました。教室では遠慮がちな若い院生が本音で語り始めたりするので有意義な場だと思いました。先生も「二次会」の効果を期待しておられたのかもしれません。

私も自分の子どもと同世代の若い院生と飲む時間はとても楽しかったです。若者文化をずいぶん学びました。そんな私ですがいつも気にかけていたことがあります。終電の時間です。ゼミが終了するのは毎回9時近くです。それから飲みに行くのであっと言う間に夜中になってしまいます。私は片道1時間半かけて通学していましたのでいつも終電時間を気にしながら飲んでいました。

時に終電を逃すこともありました。そんなときは遠回りしてまだ動いている路線を使ったりタクシーを使ったりしました。タクシー利用は思わぬ出費になり痛かったです。終電に間に合っても飲み過ぎているので自宅のある駅を乗り過ごしてしまうこともありました。家族はきっと「不良母」の私に呆れていたと思います。でも何も言いませんでした。家族にはとても感謝しています。

飲み会は小さなグループで行くこともありました。そのひとつが「JJ（熟女）会」です。院生は20代、30代が多かったのですが、私のような50代以上の女性が数名いました。そこでJJ会を結成し「大人の会」だと嘯きながら先生を誘ってよく飲みに行きました。みんな家庭を持っていましたが家庭に縛られない自由な女性ばかりです。「おばさん院生」としての苦労や悩み、愚痴などを言い合って盛り上がりました。そのうちにみんな還暦を過ぎ、会はいつしか「RJ（老女）会」になりました。

# 17 ― 学会発表は学位取得の必須条件

博士論文を提出するための要件は大学院の履修要綱に以下のように記されていました。

・全国的もしくは国際的な学会での研究発表を原則として1回以上行うこと
・博士論文提出時までに、学術誌（査読付き）に掲載された論文1編以上の業績をもつこと（掲載決定を含む）

私が学会で初めて発表したのは修士2年のときでした。会員数30名ほどの小さな学会で、当日の参加者も十数名でした。ちょっとした研究会という雰囲気で、私が学会デビューするには最適だったと思います。東京近郊の私立大学で行われ、近くに有名な温泉がありました。せっかくだからと前日は親しい学会仲間といっしょに温泉地区にある宿泊施設に泊まりました。ヘルスセンターのような施設です。遠くから来られた大学教授も宿泊されていて3人で作務衣を着て夕食を食べました。およそ学会参加のために来ているようには見えなかったと思います。

学会での発表者は7名でした。会場はひとつで分科会などには分かれてはいませんでした。小さな学会でしたが私にとっては初めての体験です。とても緊張しました。準備にも多くの時間を費やしました。パワーポイントなどは使い慣れていなかったのでレジュメを紙に印刷して配布しました。発表の練習は原稿を暗記するまで何度も何度も行いました。原稿を棒読みするような発表はしてはいけないと思っていました。それに制限時間を守らなければいけないので練習は必須です。家でぶつぶつ言いながら練習していたので家族はその度に「またやってる」と笑っていました。

修士の院生の拙い発表でしたがこの学会は私にはとても良い経験でした。学会発表のノウハウを学びましたし、他の研究者とも親しくなりました。懇親会も和気あいあいとした雰囲気で行われ、学会に対するそれまでのイメージが崩れました。

博士課程になってからは年に数回発表しました。国内の学会、海外での学会、大学内部の学会など以下のように行いました。

1年目：3回（学内1回、全国2回）

2年目：5回（学内1回、全国4回）

3年目：4回（海外1回、全国3回）
4年目：3回（全国3回）
5年目：2回（全国2回）
6年目：2回（全国1回、海外1回）

必要とされる回数よりずっと多いですが、私は学会で発表することは研究を進める上で、また博士論文を執筆するにも必須だと考えていました。学会では様々な発表が聞けます。テーマもまちまちで興味深い研究にたくさん出会います。私は常に自身の研究と重ね合わせて発表を聞いていましたが、参考になることは山ほどありました。

また発表すれば鋭い質問が飛んできます。厳しい指摘や批判も容赦なく受けます。質問に適切に答えられなかったり、厳しい指摘に打ちのめされたりして心が折れそうになることもありました。修士のときに体験した最初の学会が緩やかなものであっただけに、博士になって全国規模の学会で発表するようになってからは学会発表の大変さを痛感しました。

慣れるまでは緊張感も半端ではありません。緊張で声が上ずったり、難しい質問に頭が真っ白になったりすることもありました。でもそうした質問や指摘によって研究を進めることができたと思っています。自分の研究に欠けている視点や枠組みの不完全さに気づきます。弱点や強みも確認できます。その後やるべきことも明確になります。私はめげずに発表を続けました。

海外での発表も有意義でした。それまでは海外で発表するのは著名な学者か秀でた研究者であり、私のような一介の院生は対象外だと思っていましたが、実際に参加してみると

学会発表をしたスウェーデンのウプサラ大学

院生もたくさん発表していることがわかりました。海外での最初の発表は博士課程3年目の香港の大学で行われた学会です。2回目は6年目でスウェーデンの大学でした。海外発表はエントリーする段階から苦労しました。すべて英語で対応しなければなりません。現在であれば翻訳ツールを使って簡単に英訳できるのでしょうが、当時はすべて自分で書きました。英語力はかなり向上したと思います。最初にアブストラクトを提出して審査を受けます。採択されると受託メールが来るので参加登録をして参加費を払います。海外の学会は参加費がとても高額です。でもランチなど多くのものが含まれていて、日本での学会とはずいぶん違うと思いました。

学会の雰囲気も日本と違います。質問や意見が次々に出ます。日本ではシーンとする場面がよく見られますが海外ではまずありません。みんな遠慮なく意見を言い合います。それが研究者にとっては大事なことだと思います。

繰り返しますが、大学院に入るまでは学会というのは優秀な研究者が集まって難しい議論を行う場というイメージが強くあり、権威主義的な印象を持っていました。参加するには敷居が高かったです。でも実際に参加してみるといろいろな人がお互いの研究を公表し合い、議論し、研究の妥当性を検討する場であることがわかりました。自分でも発表できるのだということを体感しました。

学会は楽しいこともたくさんあります。国内の学会は全国各地で行われます。そのたびにちょっとした旅行の気分になります。海外の場合は海外旅行をした気分になります。どこにも所属せず、自費で学会に参加する私には旅行するのも自由です。香港もスウェーデンもそれなりに観光を楽しんできました。スウェーデンのときは10日ほど北欧観光をしてきました。学会ではさらに懇親会でその土地の美味しい食べ物や飲み物が出されます。たくさんの人に出会えるのも魅力ですし、何よりも研究のための人的ネットワークを広げることができます。「どうせ参加するなら楽しまなくちゃ！」というのが本音です。

## 18 学会初心者の私が抱いた小さな疑問

先述のように、大学院に入るまでは学会に対して権威主義的な印象を持っていました。でも実際に参加してみるとそうでもないことがわかりました。もちろん権威を纏っているような人もいないわけではありません。でも多くの人は気軽に話をしてくれますし、いろいろなことを教えてくれます。

でも、私がそれまで過ごしてきた世界とはやはり違いました。「あれっ?」と思うこともたくさんありました。あくまでも私個人の印象ですがいくつか紹介したいと思います。

まず、発表者の中に原稿を読む人が意外と多いことに驚きました。学会によるのかもしれませんが原稿をそのまま棒読みする人がかなりいました。まるで政治家の答弁のようです。配布したレジュメをひたすら「朗読」し、参加者は原稿を目で追っているだけという場面をよく見ました。「すべてを読む時間がないので下線部だけ読みます」と前置きして始める人もいます。原稿を配布するのであればわざわざそれを読む必要などなく、原稿に書かれていないことや補足点を伝えればよいのにと思いました。発表時間をすべて使って「朗読」されると私など途中で集中力が切れてしまいます。だから自分が発表するときは資料を手にしてはいますが、棒読みだけはしないように心がけています。

また、若い院生の素晴らしい発表に刺激を受ける一方で、大学教授の物足りない発表に戸惑うことがありました。明らかに準備不足で付け焼き刃的な印象を受けました。突っ込みどころもたくさんありそうなのですが、みんな遠慮して何も言いませんでした。

発表のあと質疑応答の時間があります。学会の「お作法」なのかもしれませんが、質問をされると発表者はたいてい「ご質問ありがとうございます」と言います。最初は「何でお礼を言うのだろう」と思いました。でも次第にわかってきました。質問されるということは発表をしっかり聞いてもらえたということです。興味を持ってくれたということでもあります。内容を理解した上で疑問を持ったから質問するのです。それに対して発表者は答えなければなりません。きちんと答えられなければ勉強不足ということになります。研究の弱点や不足している点に気づくことができ、研究を発展させられます。そうしたことに対するお礼でもあると私は理解しました。

一方で、質問が何も出ずシーンとすることがあります。質問が出ないほどの完璧な発表は稀で、質問が出にくい内容だったり、興味を持つ人が少なかったりする場合が多いようです。質問が出ないほどのつまらない発表や議論に値しないような発表なのかもしれません。だから何となく気まずい空気が流れます。そんなときはたいてい司会者が「それでは私から質問を」と言って質問を投げかけます。司会者も大変だと思いました。

私も学会で質問するには勇気が要りました。気の利いた質問をしたいと思うのですが、未熟な私はなかなか質問ができません。的外れな質問ではないか、つまらない質問と思われるのではないかと余計な心配をしてしまいます。でも質問は大事だと思っています。

質疑応答はたいてい短時間です。少しでも多くの人が質問するために質問者は短くかいつまんで発言する必要があると思うのですが、中には自分の研究の話から始め、時間を独占する人がいます。複数の人が質問できるような配慮が必要だと思いました。

セッションの開始時に司会者が「質問の際にはご所属とお名前を」と言います。だから質問者は「○○（所属）の誰々です」と言って名乗ります。名前はともかく所属を言うのはなぜだろうと思いました。所属は大学や研究機関などですが、所属の中身がいまひとつはっきりしません。教員なのか院生なのか職員なのかわかりません。どこに所属しているかより、何をしているかの方が大事ではないのかと思ったりしました。さらに所属のない人や、複数の大学で非常勤を掛け持ちしている人はどう言えばいいのかなど些末なことに疑問を抱いていました。礼儀として、あとで連絡を取りやすくするためなどそれなりの理由があることがその後わかってきましたが、それでもやはりモヤモヤした感覚が残ります。権威を示すためなのではないかという疑問も残ります。権威のある（とされている）有名な大学名を言うのと、ほとんど知られていない大学名を言うのでは、言う方も聞く方も違う印象を持つのではないでしょうか。

質問者が「興味深いご発表ありがとうございました。とても勉強になりました」と社交辞令のように言うのもよく耳にします。発表者を労っているのでしょうが、みんなながじことを繰り返す必要もないのではないかと思います。やはり時間がもったいないです。

また、「不勉強なので教えていただきたいのですが」「〇〇については知識がありませんので質問させてください」などと言いながら、およそ不勉強とは思えない質問であったり、突っ込んだ指摘をしたりすることがあります。前置きは何だったのかと思います。

明らかに業績作りのためなのではないかと思える発表もありました。全国規模の大きな学会でのことです。英語のセッションが設けられており海外からの発表者もたくさんいました。そのうちのひとつに参加しましたが、発表者の9割が海外の同じ大学に所属する人たちでした。ほとんどが学生のようで、たどたどしい英語でぎこちない発表をしていました。質問が出ても答えられず、その都度フロアにいる指導教授らしき人が「助け船」を出していました。指導教授は他の参加者のことは気に留めずゼミで指導するような雰囲気でアドバイスをしていました。一方発表者の方は指導教授に言われたことをそのまま言っており、要領を得ない場合は指導教授自らが答えていました。とても違和感がありました。そんな発表が続くので聴衆は一人また一人と減っていきました。

学会発表は研究者にとって業績になります。海外での発表となればさらに価値が高まります。その大学は学生の業績作りのため、発表の経験を積むための場として利用したとしか思えませんでした。私には驚きでしたが、もしかしたら珍しいことではないのかもしれません。

発表の中で「この研究はお金になりますよ」と言った人がいました。本心なのかもしれませんがあまりにも露骨な言い方なので驚きました。

研究大会のあとは懇親会があります。研究者がインフォーマルな雰囲気の中でお互いの研究について情報を交換します。懇親を深める場、ネットワークを構築する場として有意義だと思いますし、私自身も懇親会で出会った人とのつながりには大いに助けられています。

でも最初はなかなか入り込めませんでした。人生後半から研究の世界に入った新参者の私など誰も興味を持たないだろうと思ったからです。コンプレックスなのかもしれません。会場にはすでに親しいグループができあがっており、重鎮の周りにはたくさんの人が集まっています。そこに入り込む勇気は私にはなく、若い院生が人脈作りに励む様子を横目で見ながらひたすら会食の料理を味わっていました。

そんな学会にもその後少しずつ慣れていきました。今は多少の違和感を持ちつつも貴重な研究の場として参加しています。

## 19 ── 不採択が続いてもめげずに続けた論文の投稿

学位を取得するまでに私が投稿した論文はいったい何本になるでしょう。明けても暮れても投稿論文を書いていたような気がします。めげずによく続けたと自分でも感心します。学位取得に必要とされる査読付き論文はわずか1本です。でも条件をクリアしたあとも私は投稿を続けました。最終的に学位取得までに学会誌等に掲載された論文は以下の通りです。

1年目　1本（学会誌）
2年目　2本（学内紀要）
3年目　4本（学会誌1、他大学紀要1、学内紀要2）
4年目　5本（学会誌3、学内紀要2）
5年目　1本（学会誌）
6年目　1本（他大学紀要）

投稿総数はこの何倍にもなります。投稿論文は査読者のコメントとともに「採択」「修正して再審査」「不採択」のいずれかで結果が示されます。私の場合は「不採択」が圧倒的に多かったです。採択された場合でも最初から採択された論文はありません。すべて修正して再提出したものです。

修正は査読者のコメントをもとに行います。コメントはたいてい厳しい文章で返ってきます。時には自分の研究が否定されたように感じることもありました。不採択が続けばがっかりします。私は圧倒的に採択されないことが多かったので「がっかり経験」は半端ではありません。落ち込むことがたびたびありました。再審査の場合は修正して採択されればいいですが、修正したものが不採択となった場合はさらに落ち込みます。

　コメントの中には納得できないものや、査読者が誤解していると思うものもあります。でも査読者の意見を無視するわけにはいきません。誤解であっても誤解されるような記述をした私が悪いと考え、不本意でも意見を取り入れて修正しました。それでもなお不採択となったときは「言われた通りに修正したのに」と恨みがましい気持ちになったこともあります。それでも投稿を続けられたのは意見をもらうことが研究を進める原動力になると自分に言い聞かせ続けたからです。辛辣なコメントもすべてアドバイスと捉え、自分の研究を向上させるために役立てる努力をしました。そうして私はひたすら投稿を続けました。

　投稿規定に反して字数をオーバーしたことがあります。私の勘違いによるものです。もちろん不採択です。締め切り日を間違えていたこともあります。前日に気がつき徹夜で仕上げました。推敲も不十分でしたが不思議なことに採択されました。学会側のミスにも遭遇しました。査読結果が届かなかったのです。結果がなかなか来ないので問い合わせると、「修正して再提出」という結果だったのですが連絡を「失念」していたとの回答です。紀要編集委員長から謝罪のメールが届き、修正論文の提出締め切りが数日延期されました。でも他の投稿者より期間は短く十分な修正はできませんでした。結果は「不採択」です。なんとなくモヤモヤした気持ちが残りましたが、大きな学会でもそのようなことがあるのだということを知りました。

投稿論文以外にも、指導教授や他の先生が企画した書籍などに執筆者の一人として関わらせてもらったことがあります。声をかけられたら断らないことが大事だと思います。

## 20 —— フィールド調査で大事なこと

私の研究分野である比較教育学の研究にはフィールド調査が欠かせません。文献調査ももちろん重要ですがそれを現場で確認し、検証する必要があります。さらに私のように教育現場に還元できる研究をめざす者には現場に足を運んで調査することは必須です。だから私は修士課程のときから毎年のように海外調査に出かけました。少ないときで年に2回、多いときは3、4回行きました。家庭を持つ私は長期で出かけることができません。高齢の母の世話もしていましたので長くても3週間が限度です。だから短期の調査を細切れで年に数回行うこととなりました。

研究を始めたばかりの私はフィールド調査の技法を知りません。調査に必要な人的ネットワークもありません。関連する文献を片っ端から読み、先生や先輩に教えてもらいながら調査方法を学びました。そして自分に合う方法を見つけました。それは足をフルに使うことです。そしてどんな小さな機会も無駄にしないことです。

研究対象とするオーストラリアでは学校、大学、行政機関、社会教育施設、公的および私的研究機関など様々な場で調査を行いました。人脈のない私にはゼロからのスタートです。「だめでもともと」と思いながら日本からメールでコンタクトを取り自己紹介から始めましたが、どこの馬の骨ともわからない一院生の私に対してもたいていの人は丁寧に、そしてすぐに返事をくれました。そして会う日時を設定してくれます。それは大学の先生であっても行政機関のスタッフであっても同じです。教育省の人も訪問を受け入れてくれました。日本で文科省の人が同じような対応をしてくれるとは思えません。両国の大きな違いを感じました。

実際に訪問した際も対応は驚くほど親切です。情報は惜しみなく提供してくれますし、質問にも丁寧に答えてくれます。英語力が足りず私が理解できないでいるときはわかるまで説明してくれます。多民族国家だからでしょうか。国民性なのかもし

調査でたびたび訪れたオーストラリアの学校

れません。役人や大学教授であってもみんなフレンドリーです。初めての人に会う場合でも日本のように緊張することはまずありませんでした。

情報収集で大事なことは必要以上に気を遣わないことです。率直に何でも聞いてみることが大事だと感じました。ほしい情報があっても遠慮したり、聞きたいことがあっても失礼ではないかと気を遣って聞かなかったりすると後悔だけが残ります。だめな場合はその旨を率直に言ってくれます。自分が情報を持たないときは提供できそうな人を紹介してくれたり、実際に連絡を取ってくれたりします。こうした親切にどれだけ助けられたかわかりません。

私は大学を訪ねることが多かったですが、大学の先生もフレンドリーな人が多いです。権威をひけらかすような人には会ったことがありません。私はある州の複数の大学を調査対象にしていましたが、いずれの大学でも数えきれないほどの先生と会いました。研究室やカフェでインタビューさせていただくことが多かったですが、授業に参加したり、学生と懇談したりもしました。個人的に親しくなり自宅に招いてディナーをごちそうしていただいたこともあります。調査期間中ずっとホームステイをさせてくださった教授もおられます。感謝の気持ちでいっぱいです。

学校現場を訪れることも多かったです。学校で調査をする場合は原則として教育省に申請をして許可を得る必要があります。でも私の場合は先生との個人的なつながりを使って訪問することが多かったです。もちろん校内に入るときは学校長の許可が必要です。個人的なつながりというのは、私がそれまでたびたび日本の中高生を引率して海外を訪れていたときに築いてきたものです。オーストラリア、アメリカ、イギリスが中心でしたがツアーにはたいてい学校体験が組み込まれており、日本人生徒は現地の生徒と一緒に授業を受けます。引率者の私は教員室で待機していることになっているのですが、その間も私は動き回りました。生徒が受けている授業を参観したり、校内を見学したり、スタッフのインタビューなどを行ったりして時間をフルに活用しました。2、3週間毎日学校に行くのですから情報はたくさん得られます。日本との違いも肌で感じられます。部屋でじっと待機しているのはもったいないです。一日が終わると疲れてぐったりするほどでしたが情報は山のように集まりました。

日本の学校も海外研修を行う学校が増えています。学校体験が組み込まれることも少なくありません。私が現地の学校にいる間も日本の学校のツアーとたびたび一緒になりましたが、先生たちはたいていお茶などを飲みながら職員室で待機していました。引率者としてのルールなのかもしれませんが、先生にとっても異文化の学校を体験するまたとないチャンスです。チャンスを有効に使わないのはもったいないです。

貴重な出会いは研究を離れた個人旅行のときにもあります。数年前にオーストラリアの地方都市を旅行したときです。町の博物館を見学していると受付の女性が話しかけてきました。日本にいたことのある女性でした。地元の学校の先生ですが休日のその日はボランティアで博物館の仕事をしていました。私がオーストラリアの学校教育について研究していると言うと、勤務先の学校に来ないかと誘ってくれました。貴重なチャンスです。私は翌日さっそく学校を訪ねました。校内を見学し、授業を見せてもらい、何人もの先生たちと話をしました。彼女とはそれ以来ずっと連絡を取り合い、必要な情報を送ってもらったりしています。小さな出会いが貴重な情報源を生み出しました。

限られた期間でフィールド調査を行う私にとって大事なのが時間です。相手の都合を考えるとアポイントメントを一日にいくつも入れなければならない日もあります。場所が離れていることも多かったです。通常は電車やバスを使って移動しますが、日本のように本数がたくさんあるわけではありません。乗り遅れたら次の電車やバスまで長時間待たねばならないというのはごく一般的です。だから乗り遅れないために走ることがよくありました。調査は体力勝負でした。ランチを食べる時間がなくてサンドイッチを頬張りながら移動することもありました。

フィールド調査は他人のやり方がそのまま自分にも適合するとは限りません。自分なりの方法を見つけることが重要だと実感しました。

## 21 ── ひたすら書き続けた博士論文

博士論文の執筆は正直言って大変でした。私には「苦行」のようでした。でも「苦痛」ではありませんでした。楽しさも味わったからです。そうでなかったら続けられなかったと思います。

執筆にあたっては修士論文のときのようにこれまでに提出された博士論文を山ほど閲覧しました。修士論文は玉石混交でしたが、さすがに博士論文となると内容も量も半端ではありません。私にこんな論文が書けるのかとちょっぴり不安になりました。

博士論文を本格的に書き始めたのは2年目からです。私の博士論文は修士論文を引き継いでいます。修士課程で十分な研究ができなかったので博士課程ではさらに踏み込んだ研究を行おうと思ったのです。修士論文を下地にしていますが、修士論文は2年間で書き上げたものなので読み返すと恥ずかしくなるような内容です。1年目はこれをどうやって博士論文につなげていくか考え続けました。指導教授と相談しながら何とか構想をまとめたのが1年目の終わりが近づく頃でした。

その後章立てを考えましたが、これがなかなか決まりません。修士論文でもいちばん苦労したのが章立てです。一度組み立てた章立てを何度も崩し、章の入れ替えを行いながら考えました。まるでパズルのようでした。

章立てが決まったら各章の執筆を行います。学会で発表したものをそれぞれの章に当てはめて書いていきましたが、明けても暮れてもパソコンに向かっていた気がします。

ある程度書き上がったら研究室を訪れ先生に相談します。先生は「こうしなさい、ああしなさい」とおっしゃるタイプの方ではありません。アドバイスはくださいますが、そのあとどうするかは本人に委ねます。だから研究室を出るときはいつも山のような宿題を抱えた気分になり、「ああ、またやり直しか」と思いながら家路につきました。でも家に帰り着くころにはやる気が出ているから不思議です。やはり研究が面白かったからでしょう。

こうしてひたすら博士論文の執筆を続ける私でしたが、そんな中でもときにネガティブな思いに襲われることがありました。論文を仕上げることができないのではないか、完成するより自分の寿命の方が先に終わってしまうのではないか、さらに自分のやっていることはあまり意味がないのではないかと考えてしまうのです。書き上げた論文が酷評されたり、審査で不合格になったりする夢を見ることもありました。かなりリアルな夢でした。自分でも気づかぬうちに精神的なプレッシャーになっていたのでしょう。ストレスで髪が抜け落ちたこともあります。でも不思議なことに研究をやめようと思ったことはありません。

博士論文のゴールが見え始めたのは4年目の半ばくらいです。指導教授からも大きな修正を要求されることがなくなり「これならいけそう！」と思い始めました。最終的に論文を提出したのは5年目に入ってからでした。

論文提出には申請手続きが必要です。申請書のほかに履歴書や研究業績書、電子公開の承諾書、論文概要書などを作成して添付しました。論文は簡易製本して複数提出しました。事務所に提出したと

学位記　左は修士、右は博士

きには全身の力が抜けるようでした。

半年後、論文審査会が一般公開で行われました。主査の指導教授と副査の先生3名、一般の参加者10名ほどが集まりました。最初に私が論文の概要を説明したあとそれぞれの先生から意見が述べられ、参加者から質問が出ました。審査会は2時間ほどで終了しました。

合格通知を手にしたのはそれから2か月後です。論文を提出して数か月たっていました。学位取得には忍耐強く「待つ」ことも必要であると改めて認識しました。

学位授与式では大学からレンタルしたアカデミックガウンと角帽を着用して参列しました。ちょっと気恥ずかしかったですが学位を手にしたときはやはり嬉しかったです。授与式のあとはパーティーが開かれ家族も参加しました。

## 22 ―「アラ還」の私が学位を取得することの意味

修士課程で研究を始めたときは博士課程への進学は考えていませんでしたが、結果的に進学し、博士の学位を取得したのは60代になる少し前でした。学位を取れたことは嬉しいですが、取ることが目的ではありませんでした。大学教員になりたかったわけでもありません。そもそも私の年齢では職を得るのは難しいと思っていました。私はただ研究がしたかったのです。学位は研究に付随したものでしかありません。

「末は博士か大臣か」と言われた時代があります。優秀な子どもがなりたい職業、あるいは親が子どもに就かせたい地位として挙げられていたものです。博士も大臣も希少価値があり周囲から尊敬を集めていた頃のことです。今はどちらもかつてのような権威が失われており、死語に近い言葉となっています。現在の日本では博士号を取得しても職が見つからず生活もままならないという人がたくさんいます。学位の希少価値は下がりました。それでも取得する人はいます。なぜでしょう。研究者として生きていくためにはひとまず学位が必要だからでしょう。なくても研究できますが、あった方が研究者として認めてもらえます。私は学位をパスポートあるいは免許のようなものと考えています。学位を持っていれば一応その分野のスペシャリストと見なされます。

博士の学位は通常は博士課程に3年以上在籍し、博士論文の審査に合格した者に与えられます。課程博士と言われるものです。他に論文博士もありますがこれは課程博士より取得が難しくなります。私は課程博士ですが学位の取得に6年近くかかりました。当初は3年で取れると安易に考えていましたが研究を進めるうちに無理だとわかってきました。若い頃に比べると頭脳も身体も衰えています。文献を読むだけでも多くの時間がかかりますし、読んでもなかなか頭に入りません。新たな知識を習得してもすぐに忘れます。体力勝負のフィールド調査も無理がききません。すぐに疲れてしまいます。気力はあっても体力が続かないのです。ですから3年で学位を取ろうなどと考えず、じっくりと腰を据えて取り組むことにしました。博士課程には6年まで在籍できます。その間に論文を提出すれば課程博士の学位が取得できます。その間に取得できなければ満期退学となりますが、それから取ることも可能です。

博士課程に進学したら学位取得を目指すのは当たり前だと私は思っていました。でもそうではない人もいることがわかりました。学位を取らないあるいは取れない人がいるのです。研究が進まず取得を断念したり、途中で職を得て博士論文の執筆をやめたりする人がいました。学位を持っていても正規の職に就くのが難しい時代ですから研究途中であってもよい仕事が見つかれば就職するのは悪くないと思います。職に就いてからでも学位は取得できます。でも、院生の中には最初から学位取得を考えず「学歴ロンダリング」を目的にする人がいます。博士課程に在籍したという事実だけを残し、最終学歴をよく見せようとする人です。在籍しさえすれば「博士課程単位取得満期退学」という肩書が得られます。私は「退学」という言葉に違和感がありましたが、研究者の世界では一般的なことのようです。

このような中で博士の学位が私にとってどのような意味を持つのか考えてみました。まず、研究者の「パスポート」のような機能があります。日本では博士の学位は昔ほど価値を持ちませんが、海外では「ドクター」の称号はとても重視されます。私のような者でも紹介されるときには「ドクター」を付けて紹介されますし、それなりの待遇を受けます。戸惑うことはありますが、有難いことでもあります。調査する際にはすごく役立ちます。

次に、大学院で研究する際の目標になります。私は大学院に進学した以上は学位取得が義務だと思っていました。だから私にとって学位は「目的」ではありませんが「目標」にはなっていました。目標があればそれに向かって進めます。ですから学位が取得できるよう努力しました。

さらに自分を律する力になります。私は大学院を修了しても研究を続けようと思っていました。大学教員にならなくても在野で研究をすればよいと思っていました。収入は得られませんが組織に縛られず自由に研究ができます。その反面甘えが出ます。学位は博士の名に恥じない研究をしなければいけないと自分を律する道具としての機能を果たすように思えます。

博士の学位は周囲の人たちの価値基準や人間性を知るものさしにもなります。特にその人の自己肯定感や他者へのまなざし、他者を評価する基準のようなものを知る手掛かりになります。たとえば、私のような「在野のおばさん」が博士の学位を持つことが面白くない人や快く思わない人がいます。そうした人からは揶揄の対象にされたり、冷ややかな言葉を投げかけられたりすることがあります。間違ったことを言うと「博士なのに」とか「博士でも知らないことがあるんだね」と揶揄されたりします。本人は軽い気持ちで言うのかもしれませんが気分は良くありません。博士の権威が失われつつある一方で、博士に対して特別な思いを持つ人は依然としています。一介のおばさんが博士号を持つことに羨望ややっかみを抱く人は少なくありません。だから私は必要がない限り学位のことは周囲に伝えていませんし、日常生活でも話題にすることはありません。大学院で研究を始めたときに知人から「優雅にお勉強ができていいわね」と冷ややかに言われたとき以来、余計なことは言わない方が賢明だと思うようになりました。

博士の学位を取得していちばんよかったと思うのは母を喜ばせることができたことです。以前にも書きましたが、私は大学院で研究をしながら高齢の母を世話していました。母はヘルパーの助けを得ながら一人暮らしをしていましたが、日常の世話や病院の付き添いなどは私がやっていました。一人暮らしなので母のことは常に気がかりでした。母はそんな私を気遣い、娘に迷惑をかけてはいけないと頑張ってくれているのが私にはよくわかりました。そして私が学位を取得したときにいちばん喜んでくれたのが母です。私が小さい頃は「女の子なんだから学歴なんかなくたっていい」と言っていた母ですが、晩年は私の研究をいちばん応援してくれました。やがて母は一人暮らしが困難になり、私が学位を取得して数か月後に施設に入居しました。私の学位取得を待っていたかのようでした。それから数年後に母は他界しましたが、私が研究成果をまとめた書籍をずっと手元に置いて宝物のように大事にしてくれていました。学位取得はそんな母への最期の、そして最高の贈り物になったと思っています。

## 23 ―― 研究成果を学校現場に還元するために

大学院での研究を進めるにあたって私が心掛けたことのひとつが学校現場に役立つ研究をすることです。そもそも私が教員を辞めて大学院に入ったのは教員をする中で抱いた様々な疑問や課題を解決したかったからです。だから研究の成果を学校現場に還元したかったのです。

最初に理論の研究を行いました。教員のときは理論など考えずに実践していることが多かったですが、研究を始めてみると理論の重要性を強く感じました。かつての自分の実践が理論と結びつくことも少なくありませんでした。自分がやっていたことはこんな理論に裏付けられていたのか、あのとき指導がうまくいかなかったのはこの理論に反しているからではないかなどと考えることもありました。理論的裏付けもないままやみくもに実践していた自分に気づきました。

理論の重要性を強く感じた私でしたが、研究を理論だけにとどめることには抵抗がありました。理論を実践に応用してこそ研究の意義があると思ったからです。特に私のように実践から研究に入った者にとって研究成果を実践につなげることは必須だと思い、現場の先生たちに役立つ情報をできるだけ多く伝えたいというのが私の目指すところでした。

研究の成果は論文や書籍で発表しますが、論文は現場の先生たちに伝える道具としては不向きだと感じました。論文を読む先生は少ないからです。何よりも先生たちには時間がありません。専門的な用語が並ぶ硬い文章は敬遠されます。博士論文を書籍として出版したときも知り合いの先生たちに読んでくださいと言うのはためらわれました。先生たちはもっと実践に結びつく情報を望んでいるようだったからです。

成果を公表しても読んでほしい人に読んでもらえないのでは意味がありません。それゆえ博士論文を書籍化してから数年後に私は研究の一部を一般向けの書籍に編集し直して出版しました。現場の先生や保護者、さらに大学生や中高生にも気軽に読んでもらえる本になったと思っています。書籍はかつての同僚をはじめ多くの教育関係者に配り、役立ててもらっています。

## 24 ── 研究を支えてくれた多くの人たち

私が博士課程を修了することができたのは多くの人の支えがあったからだと改めて

思います。いちばんお世話になったのが大学院で指導を受けた教授です。修士のときから10年近くお世話になりました。在学中はこの上もなく温かいご指導を賜わりました。教員を辞めて大学院への進学を決めた私ですが、研究を始めるにあたって不安や迷いがなかったわけではありません。先生はそのときは他の大学におられました。そこで勤務先の大学を訪ね相談に乗っていただいたのですが、その際に先生は助言と励ましのことばをたくさんくださり、迷っている私の背中を押してくださいました。あの日の先生との出会いがなかったら大学院で研究することはなかったと思います。

さらに在学中は資料収集、文献講読、現地調査、学会発表など研究に関するあらゆることを丁寧に教えていただきました。論文を執筆する際には一字一句に神経を使うこと、研究に対して真摯に取り組むことの大切さも教えていただきました。本人の意思を最大限尊重し、院生一人一人の自主性と自律性を重視して指導される先生の姿からは、教育者としても多くのことを学びました。

副査の先生方にもお世話になりました。お一人は所属する研究科で修士課程のときから授業等でご指導いただいた教授です。気さくな方でお会いするたびに声をかけてくださいましたし、学会でもお世話になりました。もうお一人は他の研究科の教授ですが、大学院に入学する前から社会人講座を受講したり、研究室をおたずねしたりしてアドバイスをいただいた先生です。大学院に進んでからも授業を受け、相談にも乗っていただきました。研究室で実施した海外調査にも参加させていただきました。もうお一方は他大学の教授ですが比較教育学のエキスパートで、学会でお会いするたびに貴重なアドバイスをくださいました。

他にもたくさんの先生方にご指導とご支援をいただきました。海外調査に同行させていただいたり、授業や自主ゼミで幅広い分野の勉強をさせていただいたり、書籍の執筆にも携わらせていただいたりしました。研究を進める中で挫折もたびたび味わいましたが、一院生の私に心温まる励ましの言葉をかけてくださった先生はたくさんおられます。そうした先生方がいらっしゃったから私は研究を続けることができたと思っています。先生方には感謝の気持ちでいっぱいです。

通っていた大学院の先生方はどなたも気さくで権威をひけらかさない方々ばかりです。キャンパスでお会いするたびに温かい声をかけていただいたことでどれだけ励まされたかわかりません。

調査で訪れたオーストラリアでも数えきれないほどの方々にお世話になりました。大学や学校、行政機関、教員組合など教育に関係する機関の方々からたくさんの情報をいただきました。

大学では第一線で活躍されていらっしゃる先生方の研究室を数えきれないほど訪問しました。どなたも温かく迎えてくださり、貴重な情報を惜しみなくくださいました。お忙しい中で時間を割いてインタビューに応じてくださったり、授業に参加させてくださったり、学生の教育実習先に同行させてくださったりしました。何日も自宅に滞在させてくださった先生もおられます。

学校現場の先生からも情報をたくさんいただきました。どの先生も親切に対応してくださりインタビューや授業見学のほか、学校行事や校内研修、職員会議などにも参加させてくださいました。指導案や教材など現場の貴重な資料もたくさん提供していただきました。ご家庭に滞在させてくださった先生もおられ、親交はずっと続いています。

海外調査や海外の学会に参加するとき私はほとんどこうした人たちの家に泊めてもらっています。ホテルに泊まることはめったにありませんでした。研究で知り合った人が多いですが、それ以外の場で知りあった人も少なくありません。中でもこの人がいなかったら私の論文は完成しなかったと思う人がアダムです。彼は現在オーストラリアのハイスクールで英語の先生をしていますが、私が彼と知り合ったのは日本です。彼は大学3年生のときに日本の大手企業が実施するオーストラリアの大学生の日本研修ツアーに参加して来日しました。その際に一行は私の住む町でホームステイをし、地元の中学校で授業を行いました。そのとき私がボランティアでアテンドしたのがアダムです。

当時、彼は教育学部の学生で偶然にも私がオーストラリアでフィールド調査をしている大学で学んでいました。私は彼に現地の学校教育と教員養成について生の情報をたくさん提供してもらいました。特に彼のポートフォリオは教職課程の学生としての貴重な成長記録です。それを研究資料として使用させてもらいました。それ以来彼とは家族を含めて20年以上親しくしています。アダムには心から感謝しています。そして研究を行うには小さな出会いを大切にすることがとても大事であると感じています。

## 25 ― 大学院を修了してから

先述のように、大学院在籍中に私は首都圏にある公立の教育機関に正規教員としての職を得ました。博士の学位を取得する1年前です。外国語系の短期大学が前年に閉学となり、そこで蓄積された教育資源を活用して新たに設置されたものです。言語や文化に関する講座を県民に提供する社会教育機関で、外国語にかかる教員研修、外国籍県民支援、生涯学習の3つの部門で事業を展開していました。私は主に外国語にかかる教員研修を担当し、外国人スタッフとチームを組んで現職教員の研修に携わりました。特に2011年から始まった小学校外国語活動の研修では県内全域の小学校を訪問して「出前講座」を行いました。延べ100校近く訪問したでしょうか。さらに県民向けの異文化理解講座や国際交流の講座も担当し、大学院で得た知見をかなり還元することができました。

その後は大学院でお世話になった先生から母校の学部の授業を依頼され、私自身の研究テーマであるオーストラリアの教育について教えました。さらに他の大学でも教える機会を得ることができ、研究成果が存分に活かされたと思っています。

現役を退いたのは2020年です。それ以降は組織に属さず、在野で研究を続けています。通勤も負担になってきましたし、いつまでも仕事を続けるのは体力的に難しいと思ったからです。人生100年最後まで仕事をされる方はおられますが、私は仕事にはこだわりません。それよりも自分のペースを大事にしてやりたいことをやりたいときにやれる環境を維持したいと思っています。もちろん研究はやりたいことのひとつですが、それ以外の楽しみも享受していきたいです。研究も興味関心に応じて分野を広げています。50歳からスタートした大学院は私に人生後半の大きな目標を与えてくれました。

# あとがき

教員を辞めて大学院に進学したとき「これから大学院に行って何か役に立つの？」と同僚の一人に言われました。学び続けることの大切さを理解しているはずの教師の口から出たことばに私は驚きましたが何も答えませんでした。私自身にも先が見えなかったからです。その後足掛け8年に及ぶ院生生活を経て、博士の学位を取得したのは60歳になる少し前でした。研究は大変でしたが充実した日々でした。今なら同僚に自信を持って「大学院は役に立つ」と答えられます。

本書は私が教員を早期退職して大学院に進学したときのことを綴ったものです。実際に体験したこと、体験を通して感じたことや考えたことなどをありのままに記しました。理解の不十分なところ、個人的な思いが前面に出すぎているところ、独断や偏見などもあるかもしれませんが、大学院進学を考えておられる方に何らかの参考になれば幸いです。

執筆に際してはパレードブックスの方に大変お世話になりました。この場を借りてお礼申し上げます。

2024年　秋

中野汐里

●著者プロフィール

中野汐里（なかの・しおり）

京都市生まれ。公立学校の教員を早期退職し、50歳から大学院で研究を始める。学位取得後は自治体の教育機関や大学などで講師をしながら研究を続ける。

2012年　早稲田大学教育学研究科博士後期課程修了。博士（教育学）

# 人生後半は大学院から

2024年10月16日　第1刷発行

著　者　中野汐里《なかのしおり》

発行者　太田宏司郎

発行所　株式会社パレード

大阪本社　〒530-0021　大阪府大阪市北区浮田1-1-8
TEL 06-6485-0766　FAX 06-6485-0767

東京支社　〒151-0051　東京都渋谷区千駄ヶ谷2-10-7
TEL 03-5413-3285　FAX 03-5413-3286

https://books.parade.co.jp

発売元　株式会社星雲社（共同出版社・流通責任出版社）
〒112-0005　東京都文京区水道1-3-30
TEL 03-3868-3275　FAX 03-3868-6588

装　幀　藤山めぐみ（PARADE Inc.）

印刷所　創栄図書印刷株式会社



ISBN 978-4-434-34578-4　C0095